KB039197

조선통신사 옛길을 따라서 3

이 도서의 국립중앙도서관 출판시도서목록(CIP)은 e-CIP 홈페이지(http://www.nl.go.kr/ecip)
에서 이용하실 수 있습니다.(CIP제어번호: CIP2009000459)

조선통신사 옛길을 따라서 3

(사)조선통신사문화사업회 엮음

책머리에

역사의 여백을 메우고자

『조선통신사 옛길을 따라서』 세 번째 책을 펴낸다. 이로써 우리가 계획했던 일은 3년 만에 일단 마무리를 짓는 셈이다.

다시 생각해도 부산에서 닛코까지 우리가 다녀온 길은 까마득하다. 그런 길을 조선통신사는 희생과 고난을 무릅쓰며 1607년부터 1811년까지 12차례나 다녀왔다. 격랑을 헤쳐야 했고 가파른 산길을 넘어야 했던 조선통신사의 노고에 한없는 감사와 경의를 표하지 않을 수 없다.

지난 3년에 걸쳐 우리는 조선통신사의 행로를 더듬어 가며 뱃길이 머무르던 곳, 발길이 닿았던 곳마다 오롯이 남아 있는 당신들의 긍지와 애국심을 하나씩 수습했다. 그때마다 목이 메어오는 감격을 누를 수가 없었다. 조선통신사가 중첩되는 어려움을 견디며 평화의 터를 다지고 문화의 향기를 흩뿌리지 않았더라면 우리의 역사가 얼마나 단선적이었을까를 생각하자 숙연해지는 마음을 누를 수 없었다.

이 작업은 이제 여기서 일단 막을 내린다. 그러나 아직도 제대로 살피지 못하고 생각이 미치지 못해 빠뜨린 것이 숱할 것이다. 그런 미완의 부분이 있다면 이는 다음에 다시 이 길을 걷는 사람들의 몫이 될 것이다. 역사는 언제나 새롭게 기록되는 숙명을 피하지 못한다. 또 현재의 기록은 여백과 함께 숙제로 남아 미래로 넘어간다.

총 세 권의 책, 10명의 집필자가 흘린 땀이 바탕이 되어 뒤따라오는 사람들에 의해 우리가 남길 수밖에 없었던 여백이 메워졌으면 좋겠다. 그들이 발굴한 새로운 자료로 지금의 것이 무화無化된다면 우리들의 노력이 얼마나 큰 보람을 느낄 수 있을 것인가.

　애초부터 우리는 완벽을 꿈꾸면서도 완벽한 성취는 쉽지 않을 것이라 예단하고 있었다. 역사 앞에서 경솔하고 싶지 않았기 때문이다. 어찌 수륙만리의 행적이 서너 차례의 탐사로 모두 밝혀질 수 있겠는가.

　이번 조사를 하는 동안 일본인의 외래문화 수용에 대한 개방적인 태도에 놀랐다. 조선통신사가 지나간 곳마다 그곳의 일본인들은 옛일을 기억하고, 그것을 축제를 통해 전해가고 있었다. 그들은 우리보다 조선통신사에 대한 관심도 많고 연구열도 높았다. 이제라도 우리가 배워야 할 자세다. 『조선통신사 옛길을 따라서』가 그런 일들을 하는 데 도움을 주는 책이 되었으면 좋겠다.

조선통신사가 언제 어디서 무엇을 했는지 극명하게 알려주는 이 책이 한 일관계에서 볼 수 있는 우리의 평화지향성과 외교관계, 문화교류 등에 대한 새로운 이해의 길잡이가 되었으면 한다. 그동안 염천을 무릅쓰고 조사에 수고한 탐사원들의 열정을 잊을 수가 없다. 이 일을 치밀하게 진행해온 사무국의 송수경 팀장, 홍보담당 이소미 씨에게도 마음에서 우러나는 고마움을 전한다. 그리고 어려움 속에서도 출판을 맡아준 도서출판 한울에도 감사의 인사를 드린다.

조선통신사문화사업회 집행위원장

강남주

차례

제2장

시흥 불러일으킨 시즈오카 ㅣ 최화수

조선통신사 옛길을 따라서 2

조선통신사의 길

인천(仁川)■   서울

양재(良才)
판교(板橋)
용인(龍仁)
양지(陽智)
죽산(竹山)
무극(無極)
음성(陰城)
과산(槐山)
연풍(延豊)
유곡(幽谷)
함청(咸昌)
상주(尙州)
선산(善山)
안동(仁同)
송림사(松林寺)
대구(大邱)
경산(慶山)
청도(淸道)
유천(楡川)
밀양(密陽)
무흘(無屹)
동래(東萊)

광주(廣州)
경안(慶安)
이천(利川)
음죽(陰竹)
송선(崇善)
충주(忠州)
안보(安堡)
문경(聞慶)
예천(醴泉)
풍산(豊山)   안동(安東)
용궁(龍宮)   일직(一直)
            의성(義城)
            의흥(義興)
            신녕(新寧)
            영천(永川)
모량(毛良)   경주(慶州)
            구어(九於)
            울산(蔚山)
양산(梁山)   용당(龍堂)

부산(釜山)

와나우라(鰐浦)
사스나(佐須奈)   니시도마리우라(西泊浦)
고도우라(琴浦)

쓰시마(對馬)   고후나코시(小船越)
            이즈하라(嚴原)

가쓰모토(勝本)   지노시마(地ノ島)   시모노세키(下關)   다케하라(竹原)
                                    무카이지마(向島)   가마가리(蒲刈)
            아이노시마(相島)   가미노세키(上關)   가오도(加)
                                    쓰와(津和)
                                    기시도(笠戶)

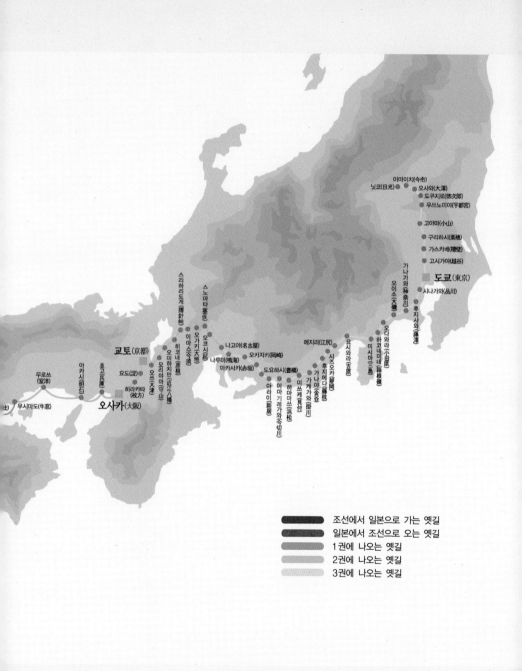

이마이치(今市)
닛코(日光)　　오사와(大澤)
　　　　　　도쿠지로(德次郎)
　　　　　　우쓰노미야(宇都宮)

고야마(小山)
구리하시(栗橋)
가스카베(糟壁)
고시가야(越谷)

가나가와(神奈川)　도쿄(東京)
오이소(大磯)　　　시나가와(品川)
스리하리도게(摺針峠)　　　　후지사와(藤澤)
스노마타(墨俣)　　오다와라(小田原)
히코네(彦根)　　하코네미네(箱根嶺)
오미하치만(近江八幡)　오가키(大垣)
오미(大津)　　　　　나고야(名古屋)
요도(淀)　모리야마(守山)　　　　미시마(三島)
히라카타(枚方)　　　오카자키(岡崎)　　요시와라(吉原)
교토(京都)　　아마스(天滿)　　　나루미(鳴海)　에지리(江尻)
　　　　　　　　　아카사카(赤坂)　　시즈오카(靜岡)
오사카(大阪)　　아이(新居)　도요하시(豊橋)　후지에다(藤枝)
아카시(明石)　　　　이마기레가와중심(今切川)　　가나야(金谷)
효고(兵庫)　　　　미쓰케(見付)　하마마쓰(濱松)
무로쓰(室津)
우시마도(牛窓)

조선에서 일본으로 가는 옛길
일본에서 조선으로 오는 옛길
1권에 나오는 옛길
2권에 나오는 옛길
3권에 나오는 옛길

에도江戶시대의 아라이는 도카이도東海道 53개의 역참마을 가운데 시나가와品川로부터 헤아려 31번째에 해당하는 지역이었다. 사행록에는 대체로 '신거新居'보다 '황정荒井'이라는 이름으로 남아 있으며, 드물게 '금절촌今切村'이라 기록되어 있기도 하다.

세키쇼와 이마기레 강의 고장,
아라이 新居

1. 아라이를 찾아서

"서로 다른 장소를 연결해주는 통로."

사전에 실린 '길'에 대한 정의다. 참으로 무미건조한 표현이 아닐 수 없다. 그런데 가만히 곱씹다보니 이만큼 적절한 표현도 없다는 생각이 든다. 아직 다가오지 않은 공간은 설렘으로, 그리고 이미 지나쳐버린 공간은 추억으로 갈무리되는 것이 '길'이기 때문이다.

오늘 드디어 통신사의 일본 노정을 따라가는 마지막 답사길에 오른다. 쓰시마對馬에서 우시마도牛窓까지의 1차 답사, 오사카大阪에서 나고야名古屋까지의 2차 답사. 그리고 꼭 1년 만에 아라이新居에서 시작하여 시즈오카静岡, 하코네箱根, 도쿄東京, 닛코日光에 이르는 3차 답사 노정이 기다리고 있다. 두 차례의 답사에서 갈무리한 추억을 가슴에 간직한 채 아라이로 향하는 이 순간, 그야말로 소풍을 앞두고 행여 비가 올까 마음 졸이는 아이의 마음과 별반 다를 바가 없다.

나고야에서 출발한 통신사행은 나루미鳴海, 오카자키岡崎, 아카사카赤坂, 요시다吉田, 시라스카白須賀를 거쳐 사흘째 되는 날 아라이에 이르고 여기에서 점심을 먹게 된다. 그 사이 도쿠가와 이에야스德川家康의 출생지인 오카자키에서는 막부에서 파견된 문위사問慰使가 통신사에게 쇼군將軍의 문안을 전하는 의식을 베푼다. 또 시라스카에서는 13세 소년이 『논어』를 강독한 후 통신사로부터 시와 제호탕醍醐湯을 받기도 했다.

반나절 답사가 예정된 오늘의 목적지 아라이초新居町는 하마나 호濱名湖의 최남단, 이마기레구치今切口의 서쪽에 위치한 인구 약 107,400명, 면적 13.47㎢의 작은 도시이다. 멸치, 해태, 굴조개, 장어가 지방 특산물이다. 1200년 전의 기록에 의하면 당시 아라이에는 110가구가 있었고 인구는 677명에 불과했는데, 1889년에 부근의 마을을 병합하면서 오늘날의 아라이초가 되었다고 한다. 현재의 도시구획은 1707년의 대지진 이후 요시다 번吉田藩에서 파견된 도히마고베土肥孫兵衛가 산록에 신사를 배치하고 물길을 정비하여 교토京都 풍의 조카마치城下町를 조성한 데서 비롯된다.

에도江戶 시대의 아라이는 도카이도東海道의 53개 역참마을 가운데 시나가와品川로부터 헤아려 31번째에 해당하는 지역이었다. 사행록에는 대체로 '신거新居' 보다 '황정荒井' 이라는 이름으로 남아 있으며, 드물게 '금절촌今切村' 이라 기록되어 있기도 하다. 통신사행에서 아라이는 해로여행을 마치고 육로여행이 시작되는 요도淀에서부터 통신사의 화물을 운반해온 사람과 말이 모두 교체되는 지역이었다. 아라이에 도착한 통신사는 인부와 말을 모두 돌려보내고 점심을 먹은 관소에서 '이마기레 강今切河' 또는 '이마기레구치今切口'를 건너기 위해 선착장을 향해 걸어갔다.

2. 통신사의 무사 도항을 빌었던 세키쇼이나리

버스가 아라이 역을 지나자 '세키쇼와 호수의 도시 아라이초에 오신 것을 환영합니다'라는 입간판이 한눈에 들어온다. 차가 가는 방향으로 500m 거리에 아라이세키쇼新居關所와 여관의 일종인 하타고旅籠와 기노쿠니야紀伊國屋가, 그 반대편으로 3km를 가면 하마나 호이마기레 공원인 가이고칸海湖館이 있다는 표지판이 눈에 들어왔다.

주차장에 오늘 행사를 총지휘하는 스즈키 히데아키鈴木英明 씨가 왼팔에 완장을 차고 오른손에 태극기를 들고는 마중나와 있다. 그는 시즈오카 현 여가플래너협회 서부지부장이다. 세키쇼이나리關所稻荷가 있다는 진구지神宮寺로 향하는 거리 오른편에는 '아라이주쿠이이다부베혼진아토新居宿飯田武兵衛本陣跡'라는 작은 팻말과 함께 '시라스카주쿠白須賀宿까지 4.5km'라는 안내판도 보인다. 조금 지나 '혼진아토本陣跡'라는 표석이 보이고 그 뒤에 올 3월 아라이 교육위원회가 세운 안내판이 서 있다. 거기에는 건평 196평의 혼진은 오바마小濱, 구와나桑名, 기시와다 번岸和田藩 등 약 70집家에서 이용했고, 1868년, 1869년, 1878년 천황의 순행 때 행재소行在所 역할도 했으며 그 행재소 건물은 1885년 오쿠야마奧山의 호코지方廣寺에 이축되었다고 적혀 있다.

1390년에 창건된 혼가지本果寺를 지나 잘 정비된 골목길로 접어드

니 어느덧 진구지다. 입구 오른쪽에 진구지 안내간판과 6지장보살의 입상이 늘어서 있다. 안내판에 따르면 진구지는 1395년 열옹대원 진각선사悅翁大園 眞覺禪師가 창건한 임제종 사찰이다. 정식 명칭은 '하쿠오잔白翁山 진구젠지神宮禪寺'이며 아미타여래와 지장보살을 본존으로 모시고 있다. 원래 히케자키日ヶ崎에서 창건했으나, 1707년 대지진 후 아라이주쿠 거리정비사업을 하면서 현 위치에 재건한 것이라 한다. 그리고 왼쪽 구석에 '세키쇼이나리'가 있는데, 좌우로 빨강 바탕에 흰색 글씨로 '세키쇼이나리 다이묘진關所稻荷大明神'이라고 새긴 깃발이 휘날리고 있다.

　이나리稻荷는 '벼의 여신'으로, 이나리 신사稻荷神社는 농업이나 상업, 또는 집안의 안녕과 번성을 기원하는 신사이다. 그런데 이곳이

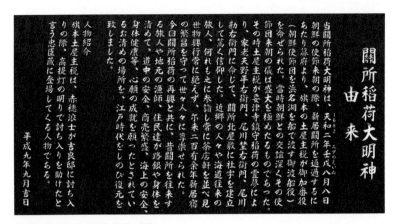

關所稲荷大明神
由来

当関所稲荷大明神は、天和二年壬戌八月八日
朝鮮の使節来朝の際、新居関所を通過するに
あたり篠府より、旗本の土屋主税が御加番役
（朝鮮使節団を船で渡す御渡船役）
を命ぜられた。当時朝鮮との交誼深くその使
節団来朝の儀は盛大を極めたものであった。
その時土屋主税が要津寺鎮守稲荷の霊夢により、
家老天野平右衛門、尾川壁右衛門、尾川
助右衛門に命じて、関所北屋敷に社宇を建立
して篤く信仰した。近郷の人々や海道往来の
旅人、何れも之に参詣常に絶えず、不来二百有余年新居宿
の繁昌を守って世々人々に尊崇された。
今回関所稲荷の再興と共に、昔関所を往来す
る旅人や地元の漁師、住民達が路銀や身体を
清めて、道中の安全、商売繁盛、海上の安全、
身体健康等、心願の成就を願ったとされてい
るお清めの場所を、江戸時代をしのび復元を
致しました。

人物紹介
旗本土屋主税は、赤穂浪士が吉良邸に討ち入
りの際、高提灯の明りで討ち入りを助けたと
言う忠臣蔵に登場してくる人物である。

平成九年九月吉日

세키쇼이나리 다이묘진 유래 비석

통신사와 무슨 관계가 있단 말인가? 그 의문에 대한 실마리를 풀어
줄 안내자는 시즈오카 현 여가플래너협회 부 블록장인 사와다 히로
코澤田ひろこ 씨다. 짧게 자른 세련된 머리에 세 가지 색으로 염색을
한 그녀는 작년 아라이와 마이사카舞阪 사이의 통신사 유적을 찾는
이벤트를 벌였고, 올해도 이 행사를 실시할 예정이라고 간략히 자
신을 소개한다. 그녀를 따라 세키쇼이나리 앞 왼쪽 벽에 붙어 있는
'세키쇼이나리 다이묘진 유래關所稲荷大明神由来' 안내표석 앞에 섰다.

이 비석은 다음과 같은 내용이 담겨 있다. 1682년 8월 8일 통신
사가 방일하여 아라이세키쇼를 통과하게 되자 쓰치야 지카라미치나
오土屋主税達直가 막부로부터 하마나 호를 건너는 사행을 배로 안전
히 모시라는 임무를 맡게 된다. 그때 그는 진구지의 말사인 요신지
要津寺의 진주이나리鎮守稲荷 꿈을 꾸고 세키쇼 북쪽의 부지에 신사를
마련한 뒤 독실히 기도를 드려 무사히 임무를 마쳤다. 그 후 주민은

물론 여행객도 참예를 했으며, 200여 년 동안 아라이주쿠의 번창을 지켜 사람들에게 대대로 숭앙되었다고 한다. 그리고 맨 끝에는 그가 『주신구라忠臣藏』에도 등장하는 인물로, 47인의 로닌浪人이 복수를 위해 기라 고즈케노스케吉良上野介의 집을 습격했을 때 등불을 밝혀 토벌을 도왔다고 덧붙이고 있다.

우리에게 『춘향전』이 있다면 일본에는 『주신구라』가 있다. 『주신구라』는 일본의 대표적인 가부키 극인데 다양한 장르가 현재까지도 전승되는 고전이다. 이는 1701~1703년에 일어났던 아코 번赤穗藩의 로닌 47명이 자신들의 주군인 아사노 나가노리淺野長矩를 자살로 몰고 간 기라吉良에게 무려 2년을 기다려 원수를 갚았던 사건을 극화한 것이다. 그런데 주군인 아사노는 1682년 사행 때 16살의 몸으로 미시마三島에서 통신사행의 접대 책임을 맡았던 인물이 아니었던가!

이제야 의문이 풀린다. 쓰치야가 『주신구라』에 등장할 정도의 인물이라면 의협심과 책임감이 남달랐을 것이고, 국가의 명운이 걸린 통신사 접대에 불미스런 사태가 생기지 않게 노심초사했을 것이다. 그런 그의 꿈에 감응한 요신지의 신이 나타나 해결책을 마련해주었고, 그 때문에 감사의 마음으로 새로운 신사를 만들어 통신사의 무사 도항을 기원한 것이리라. 저간의 사정을 고려한다면 '세키쇼이나리'가 아니라 '조선통신사 이나리'라 부르는 게 타당하다는 향토사학자 기타무라 긴야北村欽哉 선생의 견해에 절로 고개가 끄덕여진다.

반나절 안에 아라이 지역 답사를 마쳐야 하는 까닭에 재빨리 진구지를 빠져나온다. 사와다 씨는 쓰치야가 '세키쇼이나리'를 짓고 열심히 빌어 통신사가 무사히 배로 건넌 것처럼, 자신도 그 덕분에 오늘 안내를 무사히 마칠 수 있었다고 마무리 인사를 한다. 지역의 문화를 소중히 여기고 가꾸어나가는 그녀의 모습이 참으로 아름답다.

3. 검색을 피해 먼 길을 우회하게 했던 악명 높은 아라이세키쇼

다시 버스에 올라 채 3분이나 지났을까? 버스는 JA공제 아라이 지점 건물 앞 주차장에 우리를 내려놓는다. '세키쇼이나리'에서와 마찬가지로 연두색 옷 뒤에 검정 글씨로 '아라이주쿠'를 새긴 다수의 안내원이 우리를 입구로 안내한다. 입구 오른쪽 매표소 게시판에는 '근세, 근현대의 화폐와 장사의 도구'라는 주제로 화폐에 대한 기획전이 개최되고 있음을 알리는 포스터가 걸려 있다.

드디어 1955년 현존 유일의 세키쇼여서 국가 사적史跡으로 지정된 '아라이세키쇼'에 들어선다.

세키쇼는 일본의 검문소로, 646년 다이카개신大化改新 때부터 시작한 오랜 역사를 가지고 있다. 가마쿠라鎌倉 시대 이후 영주들은 자신의 영내로 들어오는 길목마다 세키쇼를 설치하여 통행세를 받았다. 그 돈으로 절이나 신사를 짓기도 했으므로 세키쇼는 경제적인 시설이었다. 에도 시대 초기에는 세키쇼가 도요토미 히데요시豊臣秀吉를 따르는 잔당의 위협으로부터 에도를 지키기 위한 군사적 거점으로 활용되었고, 정치적 안정이 이루어진 뒤에는 치안유지를 위한

선착장 모형과 아라이세키쇼 전경

경찰의 기능을 수행하기에 이른다.

1600년에 천하를 통일한 도쿠가와 막부는 가장 먼저 교통로를 정비했다. 먼저 에도를 중심으로 하여 도카이도를 비롯한 5개의 간선을 정했다. 그리고 부속 가도를 정비한 후 역참을 설치하고, 가도의 요소 15곳에 세키쇼를 설치했다. 그 가운데 도카이도의 하코네와 아라이−마이사카 사이는 막부 말기까지 주교舟橋 건립이 허락되지 않았다. 그 결과 '아라이세키쇼'는 '하코네세키쇼箱根關所'와 함께 가장 중요한 검문소가 되어 '이리텟포니데온나入り鐵砲に出女'라는 말로 대표되는 혹독한 검문으로 악명을 떨치게 된다.

'이리텟포니데온나'는 에도 시대에 에도로 들어가는 총포와 같은 무기류와 에도에서 나오는 여자에 대한 철저한 검문, 검색을 일컫

는 말이다. 총포와 같은 무기류의 반입은 보안상의 이유에서, 여자
는 인질로 에도에 거주하고 있던 영주의 부인이 허락 없이 영지로
돌아갈 경우 발생할 수 있는 국가 기밀의 누출 및 막부에 대한 모반
을 막기 위한 것이다.

'아라이세키쇼'에 대한 통신사의 관심은 1636년 사행 때부터 시
작되었다. 그 이전에는 단지 아라이에서 점심을 먹고 강을 건넌 후
하마마쓰浜松에서 자는 것에 초점을 맞추고 있다. 그중에서도 1655
년 통신사행에 종사관으로 참여했던 남용익南龍翼(호는 壺谷)의 사행록
인 『부상록扶桑錄』에는 '아라이세키쇼'에 대한 기록이 다음과 같이 남
아 있다.

> 언덕 위는 관백의 장관이 서도(西道)에서 들어오는 모든 장수를 수색
> 하고 검색하는 곳이다. 뜰에 설치한 의장(儀仗) 외에는 다른 무기를 가
> 지지 못하게 하고, 관동(關東)으로부터 나오는 여자는 공문이 없으면 나
> 가는 것을 허락하지 아니하니, 여기도 역시 한 관방(關防)이다.

특히 여성에 대한 검색은 상상을 초월할 정도로 엄격했다고 한다.
세키쇼를 통과하는 여성은 반드시 '세키쇼 통행증'을 가져와야 통
과할 수 있었으며, 그 증서에는 여성의 신원부터 여행의 목적·행선
지·머리 모양·얼굴과 손발의 특징 등이 상세하게 기록되어 있다.
이때 검색의 특성상 '히토미온나人見女'라 불리는 할머니가 검색을
담당했는데, 그 장면은 〈쌍필오십삼차황정雙筆五十三次荒井〉이라는 그
림에 잘 나타난다. 이 그림은 우타가와 히로시게歌川廣重가 배경을 그

리고, 3대 우타가와 도요쿠니歌川豊國가 앞의 인물을 그린 합작품이다. 삿갓을 벗고 옷 앞자락을 들어 올린 여자 앞에 노파 검색원이 안경까지 쓴 얼굴을 들이대며 찬찬히 관찰하고 있다. 여성이 등지고 서 있는 것으로 보아 검색원에게 음부를 보여주고 있는 것이 분명하다.

세키쇼에서의 이와 같은 적나라한 검색은 여성에게 치욕적인 일이었다. 그래서 여성들은 잡히면 중벌에 처하게 되는 위험을 무릅쓰고서라도 일부러 도카이도를 피해 둘레가 92㎞나 되는 하마나 호 북쪽 고갯길로 우회하기도 했다. 그 길을 '히메카이도姫街道'라 부르는데, 지금도 매년 4월 첫 번째 토요일과 일요일이 되면 벚꽃이 가득한 그 길을 가마를 탄 여성을 중심으로 시녀 등 100여 명이 걸어가는 재현행사가 펼쳐진다.

〈쌍필오십삼차황정〉

4. 당시의 분위기를 그대로 보존한
아라이세키쇼의 구조와 사료관

아라이세키쇼에 대한 해설은 '시즈오카에 문화의 바람을 회'라는 단체의 회원인 스즈키 히로코鈴木久子 씨가 맡았다. 그는 입구를 통과한 우리를 곧장 왼쪽에 있는 선착장 체험장으로 인도한다. 나무 목책이 둘러 있는 직사각형의 모형 선착장은 얕은 물속에 있었는데 수초가 바람결을 따라 일렁이고 있다. 당시 통신사가 선착장을 건널 때의 심정을 느껴보라는 스즈키 씨의 말이 아무래도 과장인 듯하여 모두 크게 웃는다. 그런데 웬걸, 막상 중간 정도 지나니 흔들림이 고스란히 전해져 모두 환성을 지르기 시작한다. 그와 동시에 그들의 세심한 배려에 한결같이 감동을 받은 표정이 역력하다.

모형 선착장을 빠져나오니 잔디가 깔린 뜰이 보인다. 여기의 조

〈동해도오십삼차신정풍경〉

그만 바위 위에 우키요에浮世繪 그림 한 점이 놓여 있다. 우타가와 요시모리歌川芳盛의 〈동해도오십삼차신정풍경東海道五十三次新井風景〉인데 선착장에서 세키쇼를 통과해서 서쪽으로 향하는 영주 일행의 모습을 담고 있다.

안내자의 말에 의하면 지금 뜰에 서 있는 소나무가 그림 속 소나무 중 한 그루라고 한다. 그리고 바로 그 곁에 포고문을 걸었을 법한 큰 게시판이 하나 있다. 아니나 다를까, 1711년에 막부 도추부교道中奉行가 아라이세키쇼에 내린 조사 내용이 기재되어 있다.

- 세키쇼를 출입하는 무리는 탈것의 문을 열어야 하고, 삿갓이나 두건을 벗겨 얼굴 형태를 확인한다.
- 왕래하는 여자는 증서와 상세하게 대조하여 통과시키되, 탈것에 오른 여자는 반쇼(番所)의 여자를 차출하여 조사한다.
- 부상자나 사망자, 수상한 사람은 증서를 가지고 있지 않으면 통과시키지 않는다.
- 서로 정한 증빙문서가 없는 총포는 통과시키지 않는다.
- 조정 관리의 통행이나 영주 행렬의 경우 사전에 세키쇼에 통달이 있을 경우 통관 검사는 하지 않으나, 일행 가운데 의심스런 자가 있을 경우 검사를 행한다.

한 치의 빈틈도 허락하지 않을 태세다. 이 무시무시한 세키쇼를 검문 없이 통과한 사람은 막부의 최고 실권자인 쇼군과 조선통신사뿐이었다 하니, 조선통신사에 대한 그들의 대우가 얼마나 대단했는지를 짐작할 수 있다. 게시판의 좌우에는 검문을 받기 위해 짐을 올려 놓던 '하물석荷物石'과 '이시도이' 또는 '이시히石樋'라 불리는 돌로 만든 용수로가 놓여 있다.

뜰을 지나자 세키쇼의 중심 건물로 1708년에 세워진 멘반쇼面番所가 드디어 얼굴을 내밀기 시작한다. 아라이세키쇼는 원래 1600년에 하마나 호 인근에 설치되었지만 1699년과 1707년에 발생한 지진과 해일로 두 번이나 이전하여 현재의 땅에 자리 잡은 것이다. 한눈에 보아도 지붕의 기와가 엄청 까맣고 처마가 길게 빼어져 나와 있음을 알 수 있다. 스즈키 씨는 이것이 400년 전 건물의 특징이며 아라이세키쇼는 옛 모습 그대로 현존하고 있는 전국 유일의 세키쇼라고 강조한다.

문득 일본으로 오기 전에 들어가보았던 아라이의 홈페이지 중심 화면이 '바다와 역사에 의해 길러진 여유와 활력의 거리'라는 로고가 새겨진 아라이세키쇼였던 것이 떠오른다. 나아가 경비초소에서 욕실[湯殿]과 마구간, 심지어 변소까지 잘 정비되고 새로 복원한 건물로 가득했던 하코네세키쇼의 영상이 겹쳐진다. 하코네세키쇼가 잘 차려 입은 여인의 자태를 지녔다면, 아라이세키쇼는 평상복을 입은 수더분한 여인의 모습이라고나 할까. 스즈키 씨의 말 속에서 아라이 주민의 자부심이 느껴진다.

검문소의 사무실과 같은 멘반쇼는 크게 세 개의 방으로 나누어져 있다. 첫 번째 방은 가장 규모가 작은 것으로 대나무 조각품과 장수의 복장이 진열되어 있다. 두 번째 방에는 여행자를 위협하는 도구인 활과 화살을 펼쳐 놓고 세키쇼의 총책임자인 반가시라番頭와 두

명의 규진給人 등 관리직 요원들이 앉아 있다. 세 번째 방에는 장총
을 배경으로 한 명의 아시가루 가시라足輕頭와 실무를 맡은 하급관
리 네 명이 손에 무기를 든 채 살벌한 자세로 앉아 있다. '세키쇼 관
리인'이라는 안내간판에는 원래 세키쇼가 막부 직할이었지만 1702
년 이후 요시다 번으로 이관되었고, 책임자인 반가시라를 비롯하여
총 40여 명이 교대로 임무를 수행했으며, 여행객의 세키쇼 출입은
아침 6시부터 저녁 6시까지였다고 기록되어 있다.

　그런데 방 왼편에는 보기에도 섬뜩한 세 개의 무기가 가지런히 진
열되어 있다. 이른바 모든 세키쇼에서 볼 수 있다는 죄인을 위협하
는 도구인 '미쓰도구타테三つ道具建'이다. 왼쪽부터 소매를 잡아끄는
소데가라미袖搦, T자형 쇠막대의 사방에 못을 박아 죄인을 제압하

죄인을 위협하는 도구

는 쓰쿠보突棒, U자형의 예리한 날로 목이나 정강이를 누르는 사스마타刺股이다. 이들 도구는 보통 건물 바깥에 여행객이 잘 볼 수 있는 곳에 세워두는 것이라 한다. 이 무기 앞에서 오금이 저렸을 여행객의 애처로운 모습이 떠오른다.

섬뜩한 무기 위에는 정치평론가였던 도쿠토미 소호德富蘇峰가 고향인 구마모토熊本로 가는 도중 세키쇼에 들렀을 때 쓴 '동해고관東海古關'이라는 편액이 걸려 있다. 도쿠토미가 누구인가! 근대 일본제국주의 팽창정책의 열렬한 신봉자이자 이론가로, 일제 식민지배의 일등 공신이었던 인물이 아닌가. 게다가 그는 춘원 이광수가 가야마 미쓰로香山光郎라고 창씨개명하는 데 결정적 영향을 미친 인물로 알려져 있기도 하다. 섬뜩한 무기 위에 악명 높은 아라이세키쇼를 찬탄한 제국주의 신봉자의 글씨가 함께 걸려 있는 현실, 그렇게 잘 어울릴(?) 수는 없을 것이다. 게다가 90세 노년의 글씨인데도 간결하고 소박한 필체 속에 짜증이 날 정도의 힘까지 묻어 있다.

도쿠토미의 글씨에서 찜찜한 마음을 떨치지 못한 채 세키쇼를 나와 2층 양옥의 세키쇼 사료관으로 발걸음을 옮긴다. 스즈키 씨의 안내로 사료관에 들어서니 1층 전시장이 한눈에 들어온다. 1층에는

세키쇼 사료관 내부 풍경

'가도와 세키쇼', '바다의 세키쇼, 아라이'를 주제로 아라이세키쇼의 변천과 역할 등을 실물 자료를 사용하여 이해하기 쉽게 소개하고 있다. 그리고 2층에는 '여행과 역참'이라는 주제로 여행과 관련된 자료나 우키요에 판화, 그리고 근세 아라이주쿠의 자료를 전시하고 있다.

그런데 가장 눈에 띈 것이 '총포검사'라는 이름 아래 소총들을 전시해둔 것이다. 손바닥에 쏙 들어올 정도의 작은 총도 보인다. 스즈키 씨에 의하면 상경할 때는 총포검사 시 원칙적으로 총포소지 허가증이 필요없고 세키쇼에 신고만 하면 되지만, 하행할 경우에는 반드시 총포소지 허가증이 필요했다고 한다. 그리고 이미 아라이세키쇼에서 철저한 총포검사가 이루어졌기 때문에 같은 도카이도의 하코네세키쇼에서는 총포검사가 거의 이루어지지 않았다고 한다.

사료관을 빠져나와 또 급하게 차에 오른다. 느긋하게 즐기지 못하고 항상 시간에 쫓기는 우리 일정이 못내 아쉽기만 하다.

5. 금을 던져 선비의 무욕과 청렴을 과시한 이마기레 강

세키쇼를 출발한 버스는 곧장 하마마쓰 시의 마이사카로 향한다. 마이사카는 사행록에 거의 등장하지 않는 지역이지만 아라이주쿠에서 점심을 먹은 통신사행이 당일의 숙소인 하마마쓰에 가기 위해서 반드시 거쳐야 하는 곳이었다. 즉, 아라이와 마이사카 사이에는 이마기레 강이 있었고, 이를 건너야만 다시 에도로 향하는 육로 노정의 발판, 마이사카의 선착장에 도착할 수 있었다.

이마기레 강은 하마나 호를 빼고는 이야기할 수 없다. 원래 하마나 호는 태평양과 나뉜 담수호였다. 그런데 1498년 8월 25일에 발생한 지진과 해일로 그 사이가 무너져 태평양의 엔슈나다遠州灘와 연결되었는데, 그 입구가 바로 이마기레 강이다. 그리고 하마나 호는 바닷물과 강물이 뒤섞이는 기수호汽水湖가 되었다. 면적이 약 68.8㎢로 일본에서 10번째로 큰 호수인 하마나 호는 오늘날 200여 종에 가까운 철새의 도래지로 각광받고 있으며, 특히 메이지明治 시대부터 시작된 장어 양식은 지역 특산물의 하나로 전국적으로 그 명성을 떨치고 있다.

항공사진으로 본 하마나 호와 이마기레 강

하마나 호 안의 이마기레 강은 빼어난 경관뿐 아니라, 여러 가지 일화로 에도로 향하는 통신사의 사행록에 빠짐없이 언급되는 명소다. 이마기레 강의 경관에 대해 1607년 사행에 부사로 참여한 경섬 慶暹은 『해사록海槎錄』에 그 느낌을 다음과 같이 적고 있다.

백 리나 되는 호수가 바다와 통해 있고, 모래 언덕이 빙 둘러 있으며 마을들이 은은히 비친다. 안개 속에 흐릿하게 보이는 나무는 곳곳에 있는데, 멀리 보이는 것은 맑고 가까이 보이는 것은 짙으며, 아득한 나루에 배가 대어 있어 경치가 그림과 같았다.

이미 광활한 비와 호琵琶湖를 경험한 그들이지만, 호수와 바다가 접한 곳에 은은히 비치는 마을과 나무, 그리고 나루터에 자리 잡은 배 등 아름다운 선경에 다시 한 번 감탄하지 않을 수 없다. 1643년 사행에 부사로 참여한 조경趙絅(호는 龍洲) 역시 그 풍광을 『동사록東槎錄』에 「금절하金絶河」라는 제목의 시로 읊었다.

십 리 평평한 호수가 바다와 통했는데	十里平湖與海通
흰 갈매기 나는 곳에 부평초 바람	白鷗飛處白蘋風
세상에 이름난 화가 많이 있다지만	人間顧陸知多少
이 경치를 어찌 그림 속에 담으리	此景那能入畵中

두 글은 모두 이마기레 강을 건너기 전에 세키쇼 아래에 위치한 선착장에서 보이는 전경을 묘사한 것이다. 선착장은 세키쇼에서 약 100보 거리에 있었는데, 거기에는 요시다 번이 특별히 징발한 6척의 누선과 수백 척의 작은 배가 통신사를 기다리고 있다. 류큐琉球의 사절이 건널 때는 아라이주쿠를 중심으로 한 31개 마을에서 배가 징발되었지만, 통신사가 건널 때는 80개 마을에서 배가 징발되었다고 하니, 그 대접이 현저히 달랐음을 알 수 있다.

6척의 누선 중 삼사三使가 3척, 상상관上上官이 1척을 차지했고, 남은 두 척은 쓰시마와 두 외교승을 위한 것이었다. 신유한申維翰의 『해유록海游錄』에 의하면 누선은 겨우 4, 5인이 앉을 만한 것으로 까만 칠이 선명하기가 거울과 같았으며 영롱한 2층 난간을 채색 장막으로 덮었다고 한다.

그런데 이마기레 강을 건너는 것은 그리 쉽지 않았다. 양쪽 언덕에 가마우지가 날아 다니고 솔숲이 우거져 있는 강을 담배를 피우며 건너는 모습을 그린 고리키 다네노부高力種信의 그림이나, 하품을

고리키 다네노부가 그린 이마기레 강을 건너는 풍경화

하는 이와 풋잠이 든 대머리에 가까운 노인의 모습 등을 담은 우타가와 히로시게의 그림에서 엿볼 수 있는 여유는 찾아보기 힘들었다. 바닷길 노정에야 비할 바가 아니었지만 물살이 급하고 바람이 어지러이 불어 바다와 같이 험했기 때문이다.

그러나 통신사에게 이마기레 강은 빼어난 경관보다 하나의 일화로 더욱 유명하다. 바로 이마기레 강을 '금절하今切河'가 아닌 '금절하金絶河' 또는 '투금포投金浦'로 일컫게 된 사건이다. 자세한 시말은 1636년 통신사행에 부사로 참여한 황호의 『동사록東槎錄』에서 엿볼 수 있다.

듣건대, 우경진(右京進), 담로수(淡路守) 등이 남겨 놓은 많은 쌀과 찬은 비록 사신이 버려두고 갔지만 우리의 예의로는 도로 받을 수 없다 하여 관백에게 여쭈어 황금 170정(錠)으로 바꾸어 보냈다고 한다. 1정의 값은 은자(銀子) 6, 7냥이니 통틀어 계산하면 1천 수백 냥이다. 에도에서 뒤쫓아서 도중에 보내왔는데, 원역들은 "이것은 일행의 양식이 남은 것이니 나누어주는 것이 마땅하다"거나, "쓰시마 번주를 시켜 에도에 돌려보내는 것이 마땅하다"라고 했다. 우리는 "일행에게 나누어준다면 받는 것이 되니 결코 그럴 수 없으며, 쓰시마 번주를 시켜서 돌려보낸다면 반드시 전해주지 않을 것이다. 만약 잘 처리하는 방편을 찾는다면 강물에 던지고 가는 것이 좋겠다" 하여 이마기레 강에 이르러 군관과 역관들을 시켜 중류에 던졌다.

이미 사행에게 준 것이니 남은 쌀과 찬 역시 당연히 통신사의 몫이라는 일본 막부와 필요한 양만큼 사용했으니 남은 것은 당연히 돌려주어야 한다는 통신사 사이에는 자존심을 건 신경전이 벌어진다. 그런데 나누는 것도 예의가 아니지만, 돌려준다고 해도 결국 쓰시마 번주藩主를 통해 돌려주어야 하는데 중간에서 착복할 수도 있다는 것이 문제였다. 결국 최상의 해결책으로 부상한 것이 황금을 강에 던져 우리의 물욕物慾 없음을 과시하는 것이었다. 그런데 이마저 순탄치 않았다. 같은 사행에 정사로 참여한 임광의 『병자일본일기丙子日本日記』에 의하면 1차 시도는 1637년 1월 6일에 이루어졌다. 요시와라吉原와 간바라蒲原 사이에 있는 후지 강富士川에 이르러 군관에게 금을 던지라고 한 것이다. 그러나 쓰시마 외교승에게 발각되어 제지되고, 서로 버티는 것이 모양새가 좋지 않다고 여긴 사신들에 의해 중지된다. 하지만 그 후에 다리를 건널 때마다 우리 역관들이 그들보다 먼저 그러지 못하게 하소연했는데, 평소 역관들의 잠상潛商에 불만을 지니고 있었던 사신들은 그런 역관의 행태를 "가소롭다"고 일축해 버린다.

결국 첫 시도로부터 나흘 뒤, 이마기레 강을 지나면서 황금은 버려진다. 이 사건으로 쓰시마 번주와 두 외교승은 매일하던 문안조차 이틀간이나 중지하여 섭섭한 심정을 드러낸다. 이후 이마기레 강은 통신사의 물욕 없음과 청렴을 상징하는 대표적인 명소로 사행 때마다 회자되기에 이른다. 이와 관련해서 조경은 『동사록』에 '팔월 십삼일에 다시 금절하를 건너니, 곧 임자정·김도원이 병자년 봉사 때 금을 던진 곳이다八月十三日還渡今絕河卽任子靜金道源丙子奉使時投金處' 라는 글과 함께 다음과 같은 시를 남겼다.

금절하 긴 강물 깊고 깊은데　　　　今絕長河深復深
중류에서 고인의 마음 회상되네　　　中流仍想故人心
천금이 제나라 고사의 마음을 더럽혔다면　千金若浼齊高士
아름다운 모습 어찌 지금까지 전해질까　玉貌何由傳至今

이 시는 통신사의 투금 행위를 전국시대 제나라의 은사인 노중련魯仲連과 관련짓고 있다. 그는 적을 진압한 공으로 임금이 금은보화를 내리자 마땅히 해야 할 일을 했을 뿐이라며 수령을 거부했던 사람이다.

빼어난 경관과 관련한 일화로 유명한 이마기레 강! 하지만 오늘은 직접 배로 건너며 그 풍광을 접하지 못하고 관광버스에 올라 하마나 호 대교浜名湖大橋를 건너면서 바라볼 수밖에 없는 것이 못내 아쉽기만 하다.

6. 마이사카의 통신사 관련 유적, 와키혼진과 선착장

다리를 건넌 버스는 마이사카 니시마치에 우리를 내려놓는다. 주민들이 정성스레 가꾼 화단을 따라 걷다 보니 니시마치 상야등常夜燈이 나온다. 이것은 1809년 니시마치에 마이사카주쿠舞阪宿의 절반을 태우는 화재가 발생한 뒤 부흥을 바라는 주민의 요청으로 건립된 것이다. 상야등을 조금 지나니 이마기레 강을 건넌 통신사가 잠시 차를 마시며 쉬었다는 '마이사카 와키혼진舞阪脇本陣'이 나타난다.

에도 시대의 숙박시설은 보통 영주나 막부 관리 등 상층 신분이 머무는 혼진本陣과 혼진의 보조적 숙소에 해당하는 와키혼진脇本陣, 그리고 무사나 일반 서민이 숙박하며 식사가 제공되는 여관인 하타고야旅籠屋와 나그네가 장작 값을 지불하고 스스로 밥을 지어먹는 기친야도木賃宿로 나누어진다. 1874년의 큰 화재와 태평양전쟁 말기의 공습으로 역참에 관한 자료는 사라졌지만, 도카이도 역참 가운데 마이사카 와키혼진이 유일하게 남아 있어 그 편린이나마 살필 수 있는 게 여간 다행이 아니다.

와키혼진 앞에 세워진 안내판에 의하면 마이사카주쿠는 에도로부

마이사카 와키혼진 전경

와키혼진 모형

터 도카이도 30번째의 역참으로, 1845년에는 인구 1,204명에 가구 수가 265호였다고 한다. 와키혼진은 주 건물, 연결 건물, 서원 건물로 이루어져 있는데 현재는 1838년에 세워진 서원 건물 한 동만 남아 있다.

2층 목조건물 앞에 서니 와키혼진임을 알리는 등롱 옆에 한글로 '하마마쓰에 오신 것을 환영합니다' 라고 적힌 종이가 붙어 있다. 세심한 부분까지 신경 써서 이방인을 맞는 주민들의 정성에 감동이 밀려온다. 미소 띤 안내인을 따라 건물에 오르니 1862년의 마이사카주쿠 서쪽 부분을 그린 약도가 있다. 도카이도를 중심으로 양쪽으로 일반 백성의 집과 하타고야가 섞여 있는데, 그중 하타고야는 무려 20여 개나 된다. 그 곁에는 20분의 1 크기의 와키혼진 모형과 평면도, 그리고 하마나 호 영주 행렬을 익살스런 캐릭터로 그린 그림이 있다. 모형에 의하면 와키혼진의 규모는 정면 5칸, 길이 15칸, 총평수 75평, 총 다다미 99첩반, 마루 12평 5분이다.

마루를 지나 방으로 들어선다. 와키혼진을 '묘가야茗荷屋'라고 불렀다고 소개하는 에도 시대의 여행안내서 『도중기道中記』, 영주 등 상층 귀족이 숙박할 경우 그 표시로 출입구에 세워두었다는 '세키후다關札', 1995년 서원을 해체할 때 발견되었다는 서원동의 기와, 마이사카주쿠의 규모를 그린 그림 등이 진열장과 방의 한 편에 가지런히 전시되어 있다. 그리고 벽에는 1881년 외무경外務卿을 지낸 이노우에 카오루井上馨가 마이사카혼진을 위해 쓴 '초거부실기처草居不實其處'라는 액자와, 후쿠야마 번주福山藩主가 쓴 '횡금대위석橫琴對危石'이라는 액자도 걸려 있다.

일반 하타고야에는 설치할 수 없었던 '조단노마上段の間' 사이로 수줍은 새색시 같은 뒤뜰이 얼굴을 내민다. 다실에 들어가기 전에 몸과 마음을 씻기 위해 손 씻는 물을 담아두던 돌그릇인 쓰쿠바이蹲 곁에 대나무가 햇살을 듬뿍 머금고 사이좋게 서 있다. 어디 그뿐이랴? 하얀 자갈이 깔린 뒤뜰엔 배롱나무와 소나무가 이름 모를 수목들과 어울려 아름다운 풍경을 자아낸다.

역순이긴 하지만 와키혼진을 나서서 이마기레 강을 건넌 통신사가 배에서 내린 선착장으로 향한다. 마이사카에는 모두 세 개의 선착장이 있다. 북쪽에는 영주나 조정 관리가 이용하는 '기타간게北雁木', 중앙에는 무사를 비롯하여 여행객이 가장 많이 이용했던 '혼간게本雁木', 그리고 남쪽에는 서민이나 하물 운반용으로 사용된 '미나미간게南雁木' 또는 '도카바渡荷場'가 그것이다. 계단 모양의 선착장은 대개 '간기雁木'라고 불리지만, 마이사카에서는 예부터 '간게'라고 부른다. '혼간게' 안내판에는 계절에 따라 약간의 차이는 있지만 아라이로 향하는 첫 배는 오전 4시, 마지막 배는 오후 4시라고 적혀 있다.

자취만 남아 있는 혼간게를 지나 조금 위로 올라가니, 갑자기 구멍이 뚫린 듯이 바다를 향해 넓게 펼쳐진 선착장이 모습을 드러낸다. 넓적넓적한 큰 돌 사이에 작은 자갈이 깔려 있고, 배들은 방파제에 둘러 싸여 한가롭게 정박해 있다. 오른쪽 입구에는 '기타간게 상야등北雁木 常夜燈'과 마이사카 교육위원회가 세운 '사적 기타간게' 안내판, 그리고 마이사카 지역 자치센터 지역진흥과에서 세운 우타가와 히로시게의 '마이사카' 그림이 걸려 있다.

마이사카 선착장 기타간게

하마나 호의 도리이 심벌타워

안내판에 따르면 '기타간게'는 1657년부터 1661년에 걸쳐 구축된 것이다. 이후 재해로 인해 몇 번 수복되었는데, 눈에 보일 정도로 확실히 구분되는 양측 돌담의 흰 부분은 1953년의 태풍으로 무너진 것을 다시 쌓은 것이라 한다. 예전에는 한길로부터 폭 10칸(약 18m)의 돌담이 물가까지 깔려 있었다 하니 그 규모에 놀라지 않을 수 없다.

선착장을 뒤로 하고 하마나 호와 마이사카를 가장 잘 볼 수 있다는 마이사카 문화센터로 향한다. 무더위를 식혀주려는 배려인지 건물 바닥에 물이 뿌려져 있다. 곧장 엘리베이터를 타고 옥상으로 올라가자 하마나 호와 마이사카 선착장 주변이 한눈에 들어온다. 정면에는 하마나 호 대교를 배경으로 삼각주 사이에 너무도 웅장하고 붉은 도리이鳥居가 서 있다. 이 도리이는 마이사카 관광협회가 세운 것으로 이 지역을 상징하는 '심벌타워'로 불리기도 한다.

때마침 쾌속선 한 척이 날쌘 제비처럼 물살을 가르며 선착장으로 들어온다. 옥상 오른쪽으로는 JR도카이도 신칸센新幹線, JR도카이도 센, 그리고 국도 1호가 나란히 통과하고 있다. 예로부터 명성을 날린 도카이도의 모든 교통망이 다 모여 있다는 것을 실감하는 순간이다.

옥상에서 내려와 버스에 오르려는 순간, 문득 시민센터 앞에 놓인 '마이사카 초민 헌장舞阪町民憲章'비에 눈이 간다. 1989년 3월 1일에 제정된 이 헌장에는 혜택 받은 자연을 소중히 하는 아름다운 거리, 스포츠와 친하여 건강한 거리, 규칙을 잘 지키는 살기 좋은 거리, 서로 돕는 따뜻한 거리, 자부심을 가지고 일에 면려하여 성장하는 거리를 만들겠다는 주민들의 다짐이 담겨 있다.

7. 하천의 물길을 사람으로 막아 건넜던
오이 강

한여름, 아라이 '세키쇼이나리'에서 시작하여 반나절 만에 이루어진 아라이 지역의 공식적인 답사는 '마이사카 시민센터'에서 대단원의 막을 내렸다. 하지만 아쉬움이 남는다. 그도 그럴 것이 다음 노정인 시즈오카까지는 이때까지의 노정에 비해 상대적으로 그 간격이 너무 넓다. 짧은 일정에 일일이 모든 지역을 되밟아 가는 것은 무리겠지만 그래도 통신사 사행록에서 자주 언급된 지역 정도는 덧붙여야겠다는 채무의식이 문득 고개를 든다. 그래서 이번 답사에는 포함되지 않았지만, 모든 사행록에 빠짐없이 등장하는 곳인 '오이 강大井川'을 3년 전 답사했던 기억을 되살려 적기로 한다.

오이 강은 마이사카를 떠난 통신사행이 하마마쓰와 가케가와掛川에서 이틀간 숙박한 뒤 가나야金谷에서 점심을 먹고 후지에다藤枝로 향하는 도중에 반드시 건너야 하는 하천이다. 1655년 사행록에는 '대언천大偃川', 1682년에는 '대원천大垣川' 등으로 다르게 불리기도 했다.

오이 강은 평균 수심 70cm, 폭 2km의 얕은 하천이지만, 평균 강수량은 3,000mm에 이른다. 물길이 세 갈래로 갈라지는 데다 흐름이 빨라 건너기가 쉽지 않다. 그래서 당시 수위가 3척 5촌(약 104cm)이면

〈사로승구도〉 중 '오이 강을 건너며'

말로 건너는 것이 금지되고, 4척 5촌(약 135㎝)을 넘으면 도강渡江 자체가 금지되었다. 도강 인원도 350명으로 제한하는 엄격한 규정이 적용되고 있었다. 통신사도 예외는 아니었다. 불어난 물 때문에 1711년에는 가나야에서 하루, 1748년에는 가케가와에서 이틀을 더 묵어야만 했고, 1636년에는 강을 건너던 쓰시마 번주의 짐을 실은 말 5마리가 떠내려가서 2마리가 죽기까지 했다.

당시 오이 강을 건너는 모습은 1748년 사행에 참여한 사행원의 그림과 일기에 자세히 묘사되어 있다. 사행 노정 가운데 빼어난 경관만을 가려 그린 이성린李聖麟의 〈사로승구도槎路勝區圖〉 중에도 '오이 강을 건너며涉大定川'라는 제목이 붙은 그림이 있다.

하천이 흐르는 양쪽 언덕에 입수를 기다리거나 출수 중인 사람들이 그려져 있고, 그 중간에는 사람들이 마치 인간 둑을 쌓듯 상대방의 손을 맞잡고 길게 벌려 서 있다. 그리고 그 뒤에는 가마를 우물정井자 모양의 틀 위에 얹어 어깨에 들러 멘 무리와, 갓을 쓴 채 목말을 타거나 말을 타고 건너는 사행 모습이 보인다. 입수를 앞둔 이쪽 언덕에는 마치 철망처럼 얽은 울타리가 보이는데 그 쓰임새를 전혀 알 수가 없다. 그런데 다행스럽게도 같은 사행에 종사관으로 수행한 조명채曺命采의 『봉사일본시문견록奉使日本時聞見錄』에 도강 모습을 비롯하여 울타리의 쓰임새가 언급되어 있어 흥미롭다.

널다리 세 곳을 건너 오이 강에 이르니, 하천은 산골물이어서 물길이 매우 빠르고 깊이도 어깨가 묻히므로, 타고 가던 교자를 멈추고서 바로 들것 위에 얹었다. 들것은 우리나라의 들것처럼 만들었는데, 크기가 거의 집 한 칸만 하다. 멜대를 정(井)자 모양으로 가로 걸치고 전후좌우를 합하여 여덟 개의 멜대로 만들었는데, 크기가 또한 기둥만 하다. 청백 두 가지 무명을 꼬아 큰 밧줄을 만들어 이리저리 굳게 묶어서 받침대 난간 위에 얹은 교자가 조금도 흔들리지 않게 했고, 메는 인부는 다 새로 도착한 푸른 무늬의 흰 옷을 입은 자들이다. 처음에는 언덕 위에 있는 대나무 바자 울타리 안에 들것을 멜 인부를 가두었다가, 사신 행차가 오는 것을 보고서야 비로소 사립문 하나를 열어서 내어 놓는데, 그 수가 몇 백인지 모른다. 받침대 하나에 드는 인부는 50여 명이다. 물은 세 줄기로 나뉘어 깊이가 같지 않은데, 먼저 인부를 시켜서 알몸으로 어깨동무를 하고 떼를 지게 하여 상류를 막아 여울의 빠른 물살을 줄인다. 그러고서야 들것을 들고서 마구 건너면서 일제히 물노래[水謳]를 부르는

데, 그 소리는 형용할 수 없다. 또 허다한 인부가 좌우에 따라 건너면서 마치 손으로 춤을 추는 형상을 지어, 교자를 멘 인부가 혹 미끄러지는 것을 막는다. 이 밖에 또 크고 작은 들것과 대나무로 만든 사립문짝 같은 것이 수없이 많아서, 일행의 상관(上官)은 다 이것으로 건너는데, 들것 하나에 두세 사람을 겹쳐 태우기도 한다. 수행하는 대마도 왜인도 모두가 걸어서 건너지 않고 사립짝을 타거나 사람의 목에 걸터앉아 간다. 다투어 건너는 소리와 부축하는 소리가 한 고장을 뒤흔드는데, 와서 대령한 왜인의 수를 모두 헤아리면 또한 몇 천인지 모르겠다.

철망처럼 얽은 울타리는 대나무 바자 울타리이고, 그 용도는 통신사행이 무사히 하천을 건널 수 있게 가마를 메는 인부들을 가두어두는 곳으로 밝혀졌다. 아무리 이국인의 시선이라지만 '인부들을 가두어두는 곳'으로 보다니! 그런데 여러 기록을 살펴보면 당시 오이 강을 건너는 인부, 곧 '가와고시川越'를 징발하는 것은 결코 쉽지 않았으며, 눈이 내리는 한겨울에도 징발되었다고 한다. 어쩌면 문제의 울타리는 '가와고시'의 도주를 방지하기 위한 고육책이었을지도 모른다는 생각에, 갑자기 조명채의 기록에 토를 달고 싶은 마음이 사라진다.

꼭 통신사행과 관련짓지 않더라도 하코네 비탈길에 놓인 '하코네 마고우타箱根馬子唄' 노래비에서 당시의 일본인들 역시 오이 강을 건너는 것이 힘들었음을 엿볼 수 있다. 이 비석은 하코네에서 제일 험한 약 1km의 돌층계를 올라가는 도중에 있는데, 1972년 11월에 하코네 정장町長인 가메이 이치로龜井一郎가 세운 것이다. 자연석으로

하코네 마고우타 노래비

만든 이 비석에는 당시 말 거간꾼이나 마부들이 즐겨 불렀다는 민
요가 새겨져 있다.

하코네 8리 길은

말도 지나가는데

오이 강은 건너려 해도

건널 수 없네

도카이도 가운데 험하기로 유명한 하코네 고개도 넘은 그들이 오
죽했으면 오이 강을 건너는 두려움을 노래로 남기기까지 했을까! 어
쩌면 '가와고시'들이 하천 속에서 통신사를 건네주며 불렀다는 '물
노래'가 이 노래였을지도 모른다는 생각이 문득 든다. 그런데 일본

측 기록을 살펴보니 에도 시대에 오이 강에 다리를 놓거나 배를 띄우지 못한 이유가 에도 방위라는 전략적 이유 때문이란다. 그 정책은 메이지 시대에 이르러서야 바뀌는데, 단지 위정자의 정권 수호를 위해 수많은 백성이 생사의 기로에서 고통을 당한 셈이다. 덕치德治를 펴기보다 두려움에 떨면서 자기 보신에만 연연했던 위정자의 행태가 시공을 넘어 존재하고 있음에 분노가 치민다.

인근 주민이나 여행객의 애환이 담겨 있는 오이 강에는 이제 더 이상 '가와고시'의 떠들썩한 민요 소리가 들리지 않는다. 대신 도메이東名 고속도로의 오이 강 대교大井川橋, 국도 1호의 신 오이 강 대교新大井川橋, 신칸센 오이 강 대교 위를 달리는 자동차와 기차의 소음만이 가득할 뿐이다.

8. 아라이 지역 답사를 접으며

더위와 추위는 사람마다 느끼는 정도가 다르다고 한다. 체질이 다르고 얼굴이 다르고 성격이 다르니 너무도 당연한 말이다. 하지만 오늘의 일정을 끝내고 보니 그 의미가 새삼 가슴 깊이 다가온다.

비록 반나절이긴 했지만 우리는 얼굴과 목, 등줄기와 겨드랑이를 타고 내리는 땀을 연신 닦으며, 먼 옛날 통신사가 걸었던 자리를 되밟았다. 숙박지가 아니었던 지역적 특성상 통신사가 남긴 유묵은 찾아보기 힘들었지만, 옛날 통신사를 맞이했던 지역민의 따뜻한 마음은 피부로 느낄 수 있었다. 게다가 오늘 다시 찾아온 통신사의 후손

아라이주쿠 사적 안내인 모임 회원들

에 대한 아라이 지역민의 세심한 배려는 한여름의 무더위를 느낄 틈
조차 허락하지 않았다. 통신사가 맺어준 인연의 고리가 참으로 길
고 단단함을 느낀다.

　아라이 지역 답사는 앞으로 통신사 연구와 홍보를 지속적으로 실
천해나가려는 우리에게 시사하는 바가 크다. 바로 민간이 주축이 된
지역 문화의 계승과 발전이다. 이번 답사에 안내원으로 참여하여 해
설을 해주신 분들은 한결같이 '시즈오카 현 여가플래너협회', '시
즈오카에 문화의 바람을 회', '아라이세키쇼 주변거리 만들기회',

'도카이도 아라이주쿠 사적 안내인의 모임' 등 지역 민간단체에 소속된 분들이었다.

특히 '아라이세키쇼 주변거리 만들기회'는 세키쇼 주변 지역의 역사·문화·자연환경 등의 자원을 활용하여 매력이 풍부한 지역을 가꾸기 위해 1998년에 설립된 단체다. '웃는 얼굴의 거리 만들기'라는 활동 테마처럼 주민 스스로 생각하고 행동하는 거리 조성을 목적으로 왕성한 활동을 전개하고 있다. 결국 훌륭한 역사와 문화의 존재 여부를 떠나, 자신이 사는 지역의 역사와 문화를 이해하고 소중히 아낄 줄 아는 시민들의 각성이 문제 해결의 열쇠임을 여실히 보여준다.

이제 우리도 아라이 지역의 주민들처럼 통신사를 보다 깊이 있게 이해하고 가꾸어나가는 작업을 실천할 때가 되었다. 비록 일본의 바닷가 항구마을에서도 볼 수 있는 통신사 전문 박물관 하나 변변히 갖추고 있지 못하지만, 그럴수록 더욱 통신사에 대한 관심과 애정을 가져야 한다. 아마도 버스에 오르는 답사단 한 명 한 명이 모두 그러한 결의를 다졌으리라. 우리를 태운 버스가 시민센터를 벗어나자 광활한 하마나 호가 어느새 이별이 아쉬운 듯 한편에 비켜 서 있다.

역사적으로 시즈오카는 전국시대의 무장 도쿠가와 이에야스가 세운 슨푸 성을 중심으로 발달한 도시이다. 시가지 중심에 있는 슨푸 성, 도쿠가와 이에야스의 무덤이 있는 구노산 도쇼구久能山 東照宮 등이 이 도시의 유서 깊은 역사를 말해주고 있다.

시흥 불러일으킨
시즈오카 靜岡

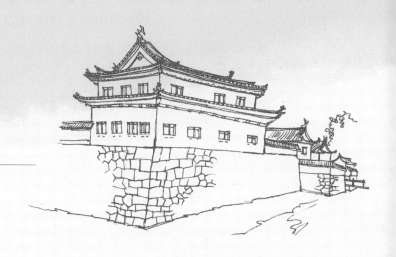

1. '문화와 평화'의 퍼레이드

　2008년 '조선통신사 옛길을 따라서' 역사 탐방은 여러 가지 생각을 갖게 했다. 무엇보다 올해는 일본탐방의 마지막회로 그 대미大尾를 장식하는 데에 따른 감회가 컸다. 지금으로부터 200~400년 전 우리 통신사들이 밟고 간 그 길을 따라가는 행로는 필자에게 그야말로 깨달음의 시간이었다. 선조들이 고난 속에서 밟고 간 걸음걸음에는 감탄과 감동이 서려 있었다. 그 사행의 길고 긴 여로는 무엇보다 필자에게 무지無知의 눈을 뜨고 광명을 찾게 해주었다.

　조선통신사는 한국과 일본 두 나라 사이에 무려 2세기에 걸친 성신교린誠信交隣의 평화시대를 열게 해주었다. 400~500명의 대규모 사행단이 험난한 파고波高를 넘어 에도 또는 닛코까지 먼 길을 오갔던 도정은 어떤 드라마보다 더 극적이었다. 일본 열도에서는 사행 행렬이 2,000~4,000명으로 엄청나게 늘어난 것에서도 알 수 있듯이 일본은 통신사들을 거국적으로 접대했고, 일본 천하가 들썩거린 가운데 통신사들은 우리의 우수한 문화를 전수했다. 이것은 세계에서 그 유례를 찾아볼 수 없는 '문화와 평화의 퍼레이드'였으며, 또한 요즘 불고 있는 '한류韓流'의 원조元祖였던 셈이다.

무슨 일이든 마지막이 클라이막스를 장식하는 법, 올해로 일단 끝을 맺는 답사에는 일본의 심장부인 도쿄를 비롯하여 관광휴양지로 각광 받고 있는 닛코와 하코네, 그리고 시즈오카 등이 포함되어 있다. 하지만 필자는 그중에서도 시즈오카에 가장 마음이 쏠렸다. 지난해 5월 필자는 '조선통신사 400주년 기념행사'가 열렸던 시즈오카에 2박 3일 동안 머물렀는데, 왜 또 마음이 설레었던 것일까?

"닛코에 가야 일본을 보았다고 말할 수 있다"는 말이 있다. 일본의 명승지라면 닛코와 하코네를 먼저 꼽지 않을 수 없다. 그런데 1764년 사행의 정사였던 조엄趙曮은 『해사일기海槎日記』에서 일본의 최고 명승지로 도모노우라鞆の浦의 후쿠젠지福禪寺와 스루가駿河의 세이켄지淸見寺, 그리고 스리하리磨針 고개 위의 망호루望湖樓를 꼽았다. 그로부터 233년 뒤, 서울에서 도쿄까지 걸어간 '21세기 조선통신사'는 시즈오카의 '삿타薩陲 고개'를 으뜸으로 꼽지 않겠는가.

녹음이 우거진 산길을 몇 구비 돌아가니 흰 눈이 덮인 웅장한 자태의 후지 산(富士山)이 갑자기 나타난다. …… 우측에는 스루가 만의 검푸른 바다와 …… 절벽 밑으로는 고속도로가 뻗어 있다. 산과 바다와 하늘이 하나의 공간 속에서 각각의 형태와 색상까지 가장 잘 어울리는 구도를 갖춘 한 폭의 그림 같은 풍경이다. 이 길을 지나갔던 조선통신사 일행도 이곳에서 탄성을 터뜨렸을 것이 분명하다는 생각이 든다.

대원들은 모두들 후쿠젠지나 망호루보다 이곳이 '최고의 경치(日東第一形勝)'라고 말한다. 내 생각에도 이곳이 망호루보다는 훨씬 경관이 뛰어나며 한국에서는 찾아보기 어려운 경관이란 생각이 든다.

최덕기가 지은 『걸어서 동경에 가다!-21세기 조선통신사』(팝사인, 2008)의 바로 이 대목이 필자의 눈을 사로잡았다. 지난해 '조선통신사 400주년 기념 한일 우정 걷기' 행사로 한국과 일본 두 나라의 사람들 50여 명이 49일 동안 서울에서 도쿄까지 걸어갔는데 위의 책이 그 결과물인 것이다. 이 답사팀은 서울을 출발한 지 18일 만에 부산에 도착하여 조선 시대 동래부사가 머물었던 동헌 등을 둘러보았다. 조선통신사문화사업회에서 이들에게 식사를 대접하면서 격려를 했는데 그 인연으로 이 책을 눈여겨보게 된 것이다.

이번 답사 일정의 시즈오카 구간에는 이 삿타 고개가 포함되어 있다. 지난해 답사 때는 히코네彦根 답사를 끝내면서 바쁜 일정에 쫓겨 스리하리 고개의 망호루를 찾지 못했다. 호수를 한눈에 조망하는 망루에 올라 꿈결 같은 비와 호를 바라보지 못한 아쉬움이 컸다. 그 아쉬움을 이번 답사의 삿타 고개에서 보상받을 수 있지 않겠는가. 삿타 고개는 경승만 빼어난 것이 아니다. 이 고갯길은 도쿠가와 막부가 우리 통신사를 위해서 얼마나 정성을 바쳤는가를 전설처럼 들려주고 있다.

2. 풍광이 빼어난 고장

시즈오카는 일본 중부지방의 남동부에 위치하며, 시가지는 태평양에 면한 아베 강安倍江의 선상지에 자리 잡고 있다. 일찍이 스루가 국駿河國(지방행정 단위)의 주도主都가 되어 슨푸라고 불리다가 1869년 시즈오카로 개칭되었다. 또 지난 2003년에는 인구 약 47만 명의 현청 소재지 시즈오카 시와 24만 명이 거주하는 인접 수산도시인 시미즈清水 시가 통합되어 새로운 시즈오카 시가 발족했다.

시즈오카는 도쿄와 오사카 사이에 위치한 관계로 오래전부터 동서의 문화, 경제가 교류한 지역으로 번영해왔다. 또한 천혜의 자연환경을 지니고 있고 기후가 온난하여 일본에서도 대표적인 관광휴양지로 알려져 있다. 일본 최고봉 후지 산을 비롯하여 풍부한 온천, 맑고 푸른 바다와 호수, 강이 어우러져 절경을 빚는다. 일본 제일의 녹차綠茶 생산지로서 '녹차의 고향'으로도 불리고 있다. '은퇴 후에 살고 싶은 곳' 1위라는 시즈오카는 분명 사람이 살기 좋은 고장임에 틀림 없다.

역사적으로 시즈오카는 전국시대의 무장 도쿠가와 이에야스가 세운 슨푸 성을 중심으로 발달한 도시이다. 시가지 중심에 있는 슨푸 성, 도쿠가와 이에야스의 무덤이 있는 구노 산 도쇼구久能山 東照宮 등이 이 도시의 유서 깊은 역사를 말해주고 있다. "시즈오카는 도쿠가와 이에야스의, 도쿠가와 이에야스를 위한, 도쿠가와 이에야스에 의한 도시라는 느낌이 들었다." 지난 2007년 도쿠가와 이에야스의 슨푸 성 입성을 기리는 '오고쇼(大御所: 태상왕) 400년제'와 '조선통신사

400주년 축하 행사' 참관을 위해 이곳을 찾았던 어떤 한국 기자의 말이었다.

시즈오카는 도카이도를 따라 있었던 53개 역참 가운데 하나이자 조카마치城下町였다. 지금은 해안선을 따라 신칸센과 고속도로가 달리고 있고, 2009년 3월에는 국제공항이 개항되어 하늘 길도 열린다고 한다. 7월 31일 고속도로를 쾌속으로 달려 시즈오카로 가면서 지난날 막부의 특별한 배려로 오이 강과 삿타 고개를 넘나들었던 우리 통신사 일행을 생각하니 색다른 감회에 젖지 않을 수 없었다.

3. 산허리 절개하여 길을 열다

시즈오카로 들어오는 곳과 빠져나가는 곳은 참으로 건너기 어렵고 넘기 어려운 내[川]와 고개[峙]가 있었다. 들어오는 곳은 도카이도에서 제일 힘든 코스, "넘으려 해도 넘을 수 없다"라는 통설이 전해오는 오이 강이, 나가는 곳은 도카이도에서 하코네 고개 다음으로 험난한 삿타 고개가 있다. 경관이 빼어난 곳은 그만큼 위험하다.

악명 높은 아라이세키쇼를 지나 시즈오카에 이르는 약 100km 구간은 관서의 중심지 오사카와 관동의 중심지 도쿄의 중간에 해당하는 곳이다. 말의 억양도 이 지역을 흐르는 오이 강을 경계로 관서계와 관동계가 다르다. 오이 강은 도카이도를 따라 에도를 왕래하는 옛사람들이 가장 건너기 어려운 천연의 난소難所였다. 물이 깊지는 않으나 흐름이 빨라 배를 이용할 수가 없고, 에도 방위라는 전략적

이유로 다리를 놓는 것도 금지되어 있었다고 한다.

오이 강은 반드시 사람을 고용해 연대輦臺(일종의 가마)를 타고 건너야 했다. 서민들은 위험을 무릅쓰고 걸어서 건너거나 인부를 사서 무등을 타고 건넜다. 돈이 있는 사람들은 4~6명이 메는 들것을 탈 수 있었고, 다이묘大名나 공경公卿들은 가마에 탄 채 20명이 메는 들것 위에 높이 올라 앉아 편하게 건넜다. 우리 조선통신사들은 어떻게 건너갔을까? 일본에서는 통신사 일행을 연대에 태워 건너가게 했다. 보통 연대는 4명이 지고 특별한 경우에는 16명이 지는데, 통신사 중 삼사가 타는 연대는 50여 명이 졌다고 하니 그 규모로 보아도 초특급 대우가 아닐 수 없다.

세이켄지를 지나 처음 마주치는 삿타 고개는 어떠한가? 이 길은 바다를 면한 벼랑에 억지로 낸 길이어서 파도가 들이치면 행인이 그대로 휩쓸려 생명을 잃고는 했다. 이 때문에 예부터 이 고갯길을 두고 "오야시라즈 고시라즈親不知 子不知"라고 불렀다. 부자父子가 함께 지나가다가 아버지가 모르는 사이에 자식이 없어지거나, 자식이 모르는 사이에 아버지를 잃을 정도의 험로라는 뜻이다. 1719년 제9차 통신사의 제술관製述寬 신유한은 "벼랑 골짜기에서 치올라 오는 풍파가 사람을 칠 것만 같다"고 했다.

전장이 약 3㎞여서 험난하기로 유명한 이 고개를 조선통신사가 안전하게 통과하도록 도쿠가와 막부는 1655년 산허리를 절개하여 도로를 개설했고, 1682년에는 일부 구간을 다시 변경하여 개설했다. 이 길이 바로 도카이도이다. 통신사를 위해서 가장 험난하다는 하코네 고개에 세죽笹竹을 깔거나, 제7차 통신사가 오기 전인 1680

년에는 약 10㎞ 구간의 길바닥을 돌로 깔았던 것에 못지않은 경우라고 하겠다.

삿타 고개에서 바라보는 후지 산은 그야말로 절경이다. 에도 시대의 풍속화가 우타가와 히로시게가 그린 〈동해도오십삼차東海道五十三次〉에서 이 삿타 고개의 겨울 정경을 그린 작품은 아름답기로 유명하다. 그 그림과 조금도 다르지 않은 이 고갯길에서는 현재 매년 2월과 10월에 '도카이도 천천히 걷기'가 열린다.

시즈오카로 들어오는 곳과 나가는 곳에 자리한 오이 강과 삿타 고개에는 이렇게 통신사를 위해 특별한 배려를 했던 에도 막부의 정성이 새겨져 있다. 시즈오카가 우리에게 어느 곳보다 친근하게 생각되는 이유이기도 하다.

4. '통신사 박물관' 세이켄지

시즈오카의 세이켄지는 '조선통신사 박물관'이라고 할 수 있을 만큼 통신사의 시전詩箋, 현판懸板, 편액扁額, 회화繪畵 등이 많이 소장되어 있다. 바로 이 때문에 조선통신사문화사업회가 2006년 12월 『세이켄지 소장 조선통신사 유물도록』을 발간했다. 일본 사찰에서 소장하고 있는 통신사 유물을 도록으로 펴낸 것은 이것이 첫 번째이다. 에도 시대 조선통신사가 시즈오카를 지나간 것은 10회였는데, 세이켄지에서 숙박한 것은 1607년과 1624년 단 2회뿐이었다. 그런데 어째서 이 사찰에 이처럼 많은 유물이 남아 있는 것일까?

세이켄지 전경 그림

　이곳은 배산임해(背山臨海)의 절경이 일본의 도카이도에서 빼어난 곳
이다. 당대 조선조 시인 중 최상위요, 묵객 중 최고수인 조선통신사들
이 이곳에서 묵거나 지나면서 창작의욕을 자극받은 것이 첫째 이유일
것이다. 두 번째는 숙소나 연도에서 만나게 되는 일본인들의 서화와 창
화(唱和) 요청에 응대한 것도 이유에 해당될 것이다. 거기에다 1607년
첫 번째 에도 방문에서 돌아오는 길에 시즈오카 슨푸 성(駿府城)으로 도
쿠가와 이에야스를 예방했다가 그의 특별한 환대에 따라 일본에 대한
적대감이 크게 해소된 것도 상당한 이유가 됐을 것으로 보인다.

　조선통신사문화사업회 강남주 집행위원장은 도록 서문에 그 이유
를 밝혔다. 당시 조선통신사에 대한 도쿠가와 이에야스의 환대는 대
단했다. 그는 금으로 장식한 자신의 전용 호화 유람선 5척을 특별

히 조선통신사에 제공하여 세이켄지에서 내려다보이는 바다에서 후지 산의 절경과 미호三保의 송림 등 주변 경관을 둘러보게 했다. 이는 임진·정유재란에 대한 반성과 무력이 아니라 학문, 곧 문학의 힘이 있는 조선과 교류하고 싶다는 진심을 보여준 것이다. 이와 같은 정서적 배경 때문에 도쿠가와 이에야스가 은거했던 슨푸 성 인근의 세이켄지에 다른 곳보다 더 많은 유묵이 남겨진 것이다.

절의 경내에는 기화요초(琪花瑤草)에 폭포수와 맑은 연못이 있으며, 진금괴수(珍禽怪獸)가 죽림(竹林) 사이에서 우짖으니, 그 소리가 구슬퍼 사람으로 하여금 향수를 느끼게 하였다. 뜰 가운데 또 노사향매(老査香梅)가 있는데, 백여 보를 가로 뻗어 가지마다 꽃봉오리가 맺혀 필 듯 말 듯하니 햇빛 아래에 늙은 용이 가로 누워 비늘마다 빛을 내는 것과 흡사하다. 소나무를 가꾸어 담을 두른 듯하니, 하늘과 땅 사이에 한 기관(奇觀)이었다.

시즈오카의 세이켄지에 대한 기록이다. 1624년 사행에 나섰던 부사 강홍중姜弘重은 이 사찰의 빼어난 풍광을 '하늘과 땅 사이의 한 기관'이라며 『동사록』에 위와 같이 썼다. 실제로 이 사찰 일주문에는 1711년 통신사 역관 현덕윤玄德潤(호는 金谷)이 쓴 편액 '동해명구東海名區'가 걸려 있다. 시즈오카에 도착한 우리 답사 일행을 가장 먼저 반갑게 맞이한 것이 이 초량왜관草梁倭館의 훈도訓導이기도 했던 현 금곡의 현판이었다. 우리는 거기에서 '기관의 명승지'이자 '통신사 박물관'인 세이켄지를 찾았다.

세이켄지 문루 '동해명구'

'경요세계' 편액

'동해명구'가 허명이 아님은 통신사들의 시문첩 곳곳에서 발견된다. 1607년 사행의 정사 여우길呂祐吉은 "동으로 와서 세이켄지를 지나지 않았더라면 부상扶桑의 이 장한 유람遊覽을 저버렸을 것"이라고 했다. 또한 1643년 사행의 부사 조경은 "닛코 산日光山 안에는 부도탑이 웅장하고 후지 산 앞에는 호수가 깊지만, 어찌 청산의 세이켄지에 빗대리"라며 극찬해마지 않았다. 어쨌든 200~400년 전, 이 세이켄지에서 우리 통신사들이 녹차로 여독을 씻고 모처럼 시흥에 흠뻑 젖는 모습을 상상하는 것은 어렵지 않다.

세이켄지에 도착한 탐방단은 우리가 마치 조선통신사인 것처럼 현지의 여러 관계 인사로부터 큰 환영을 받았다. 사찰 관계자는 물론, 시즈오카 시민단체 대표와 시청 직원 등이 마중을 나와 안내를 했다. 이번에는 2층 종루鐘樓에 걸려 있는 또 하나의 명필 '경요세계瓊瑤世界'가 사찰 뜰에 들어선 우리를 반겨주었다. '구슬 옥처럼 아름다운 세계'라며 주위 풍광을 찬미한 이 글은 인조 계미년인 1643년 사행에 독축관讀祝官으로 참가한 박안기朴安期가 쓴 것이다. 절 입구에 내걸린 '동해명구'와 함께 세이켄지를 빛내주는 편액이다.

우리는 종루 옆 2층의 넓은 방으로 안내를 받았는데, 사방이 환하게 틔어 있어 얼마나 시원한지 폭염도 순식간에 달아나는 것 같았다. 이 방은 마치 전망대와 같아서 스루가 만이 훤히 바라보였다. 조선통신사가 이곳 세이켄지에서 숙박을 한 것은 첫 번째 사행이었던 1607년과 세 번째였던 1624년의 단 두 차례였지만 나머지 사행 때도 이 사찰의 명성이 자자하여 잠시라도 들러 쉬어가거나 구경하고는 했다.

조선통신사 왕래를 열게 한 도쿠가와 이에야스는 어린 시절 슨푸에 있으면서 당시 세이켄지 주지로부터 가르침을 받기도 했습니다. 그가 이곳에서 공부한 방이 지금도 보존되어 있지요. 도쿠가와 이에야스가 1607년 제1차 통신사들에게 유람선을 내주면서 크게 환대했는데, 이때 세이켄지 주지 등이 통신사를 극진히 대접했다고 합니다. 세이켄지와 조선통신사의 인연은 바로 이때부터 시작되었습니다. 현재 우리 사찰에 조선통신사와 관계된 자료가 많이 남아 있는 것도 결코 우연이 아닙니다.

그곳에서 우리들은 차 대접을 받으며 세이켄지 이치조一條 분쇼文昭 주지 스님의 환영 인사말을 들었다. 주지 스님은 시종 만면에 미소를 띠고 있었다. 그는 우리들에게 "이곳에서 도시락을 드시고 문화재도 둘러보시고 잘 쉬시다 가세요"라고 했다. 현지 관계자들은 차를 마시는 곳에서 점심식사까지 하게 한 일은 없었다며 놀라워했다. 이날 저녁 우리 탐방단과 교류회를 갖게 될 시민단체 '시즈오카 문화의 바람을 회' 사토 도시코佐藤俊子 대표 등은 우리 탐방단 한 사람 한 사람에게 일일이 인사를 했다.

5. 28세 아버지와 47세 아들

사찰 본당은 우리 통신사가 남긴 시판과 현판 등이 그대로 남아 있어서 그야말로 통신사 유물 전시관이나 다름없었다. 현지의 안내 봉사자인 후시미 고사쿠伏見鑛作 씨가 열심히 설명을 했고, 탐방단과

세이켄지 편액 설명 장면

동행한 부산대 한태문 교수가 보충 설명을 하여 통신사의 묵향을 이해하는 데에는 다시 없을 좋은 기회였다. 특히 한 교수는 이 부문의 최고 전문가여서 「세이켄지 소재 시문에 반영된 한일문화교류」라는 논문을 발표했고 『세이켄지 소장 조선통신사 유물도록』의 해설을 맡기도 했다.

세이켄지는 조선통신사와 관련된 시문자료를 가장 많이 보유하고 있어서 1994년 히로시마 현廣島縣이 후쿠젠지와 함께 조선통신사 유적으로서 국지정사적國指定史跡으로 지정했다. 우리의 국가지정문화재와 같은 것이다. 이곳 세이켄지에는 53편의 시와 2통의 편지 등을 수록한 『조선국통신사시문첩朝鮮國通信使詩文帖』, 19개의 시판詩板, 2폭의 괘폭장掛幅裝 및 7개의 편액扁額 등 다양한 시문자료가 존재한

다. 한태문 교수는 앞의 논문에서 『조선국통신사시문첩』에 수록된
시는 게시의 효과가 큰 시판 또는 괘폭장으로 제작된 것이 많고,
1607년 사행의 삼사와 1655년 사행의 종사관 남용익이 남긴 시 및
세이켄지 주지의 시에서 보다시피 차운시次韻詩가 주류를 이루며, 사
행록에서 찾을 수 없는 1607년 사행의 시문도 존재한다면서 세이켄
지에 있는 시문자료의 특징을 기술했다.

　본당에 걸린 '흥국興國'이라는 현판까지, 우리의 눈길을 끌지 않
는 것이 없었다. 그러나 무엇보다 우리에게 큰 여운을 안겨준 것은
아버지 남용익과 그 아들 남성중의 시가 함께 걸려 있는 것이었다.
남용익은 1655년 28세 때 제6차 통신사행에 종사관으로 참여하여 세
이켄지에 들렀을 때 시를 남겼다. 그로부터 56년이 흐른 1711년 제
8차 사행 때는 아들 남성중이 세이켄지를 방문하여 아버지의 필적을
발견하게 된다. 그의 나이 47세였는데, 아버지는 작고한 지 어언 20
년이 지나 있었다. 아들은 아버지 글에서 차운하여 시를 남긴다.

　　막부에 올린 이름 선현에 부끄러운데
　　아비의 옛 자취를 남긴 시에서 되찾았네
　　안덕사(安德祠)에서 남은 생애 다하지 못 해
　　오산(鰲山) 해 저무는 하늘 향해 눈물 뿌리네

　　아버지께 행차 머무시는 곳
　　어린 자식도 구슬신 신고 지나는데
　　다만 시편만 남아 있어

슬퍼 읊조리니 감회가 많네

특별히 상서로운 연기는 삼신산과 흡사하여
제천의 상서로운 비 만다라 꽃이 되어 날리는데
이끼 낀 옛 탑을 손으로 만지나니
선친께서 남긴 이름 몇 층에 있는고

한태문 교수는 원래의 한시를 한글로 옮겨 놓고 "먼 이국땅에서
아비의 필적을 발견한 자식의 애틋한 마음이 저절로 묻어난다. 이들
부자의 시는 현판으로 제작되어 나란히 세이켄지의 대방장大方丈에
걸려 있어 부자 상면의 감격을 오늘날까지 고스란히 전하고 있다"라
고 했다. 또한 제자인 종사관 이방언李邦彦 역시 스승의 시문을 접하
고 "나도 호곡 옹壺谷翁의 문객인지라 두 눈에 흐르는 눈물 차가운 하
늘에 뿌릴 수밖에"라고 그 감회를 읊은 것을 함께 볼 수 있었다.

세이켄지에서 남용익 부자의 시문에 대한 화제가 꽃을 피우자 안
내봉사자 후시미 고사쿠 씨는 최근 자신이 겪었던 일화를 소개했다.
조선통신사문화사업회가 2006년에 펴낸 『세이켄지 소장 조선통신
사 유물도록』에서 자기 선조 경섬의 글을 발견한 대구大邱의 한 상
공인이 최근에 나고야에서 열린 회의에 참가했는데, 일정을 하루 연
기하여 먼 길을 마다하지 않고 세이켄지까지 찾아왔다고 한다. 이
도록을 계기로 조선통신사 삼사의 후손 조직이 만들어졌으니, 21세
기 조선통신사 부활의 한 징표라고 하겠다.

강홍중의 『동사록』에 "절의 경내에는 기화요초琪花瑤草에 폭포수와

맑은 연못이 있으며……"라고 쓰인 그대로 세이켄지 경내는 지금도 기화요초가 만발하고 있었다. 우리 답사단은 '통신사의 박물관'과 같은 대방장을 한 바퀴 돌아보면서 세이켄지의 명물 폭포를 지켜보았다. 후원 너머 푸른 숲 사이로 흰 포말을 일으키며 쏟아지는 시원한 폭포수가 폭염의 위세까지 무력하게 만들었다. 지난해 5월에 왔을 때는 폭포수가 흘러내리지 않았는데 어쩐 일인가 했더니 우리 탐방단을 환영하느라 특별히 사찰 측에서 폭포의 물이 쏟아지도록 배려를 했다고 한다.

6. 마치 의상루에 앉은 듯

경섬의 『해사록』에서 기암괴석과 기화요초가 있는 작은 섬에 짧은 돌다리와 금잔디로 치장된 곳이라고 묘사된 후원의 연못은 폭포 소리가 어찌나 우렁찼던지 시작詩作을 방해할 정도였다고 했다. 절 앞의 바다와 뒤의 폭포는 세이켄지를 우리나라의 낙산사洛山寺와 비견하게 했는데, 그러한 연유로 세이켄지에는 통신사가 그린 4폭 병풍 〈산수화조도압회첩병풍山水花鳥圖押繪帖屏風〉이 소장되어 있다. 세이켄지를 낙산사에 비견한 것은 앞에서 말한 바 있는 남용익이 처음이었다.

남용익은 에도로 향하는 새벽길에 세이켄지를 지났지만 일정이 바빠 들르지 못하고 스쳐 지나야만 했다. 그는 "절을 지척에 두고 나그네는 오르지 못하니 …… 돌아갈 때는 이 절의 부들방석 빌려

세이켄지 후원 연못

졸며 유쾌하게 선루^{禪樓} 제일층에 기대보리라"라는 시로 아쉬운 마음을 대신했다. 그리고 돌아가는 길에 밤인데도 불구하고 세이켄지에 들러 그 풍광을 마음껏 누렸는데, 이때 세이켄지를 우리나라의 낙산사와 견주었던 것이다.

> 의성의 요청에 따라 어두운 뒤에 세이켄지에 잠깐 들어갔는데, 대개 갈 때는 걸음이 바빠서 좋은 경치를 구경하지 못했던 까닭이었다. 눈앞에 총총 벌여 있는 경치는 등불 밑이라 비록 자세히 볼 수는 없으나 앞의 바다와 뒤의 폭포가 맑고 그윽한 것이 우리나라 낙산사에 못지않을 듯하였다.

남용익은 사행 기록인 『부상록』에 위와 같이 썼다. 그는 당시 일본의 외교승 등과 시문을 통해 '후지 산-금강산 우열논쟁'을 벌여 우리나라의 산수경관이 일본보다 빼어나다는 주장을 강하게 드러냈던 사람이다. 그런 그가 세이켄지에서는 "앞의 바다와 뒤의 폭포가 맑고 그윽한 것이 우리나라 낙산사에 못지않을 듯하다"라며 긍정적으로 평가했던 것이다. 특히 이 사찰의 폭포를 높이 평가한 것이 주목된다. 세이켄지를 낙산사와 비교하는 전통은 이때부터 1763년 사행까지 이어졌다.

> 경내를 거닐며 신선 부구(浮丘)를 따를까 생각하다
> 우연히 고승을 마주하여 선문답을 나누는데
> 바닷물 하늘 맞닿은 곳에 아침에 올라오니
> 마치 의상루(義湘樓)에 앉은 듯하여라

1748년 사행의 정사 홍계희洪啓禧는 세이켄지에서 맞이한 일출이 마치 낙산사 의상루에 앉은 것 같다는 감회를 위와 같이 썼다. 그는 당시 세이켄지 주지인 쇼카이 게이조性海惠丈의 시에서 차운次韻하여 위와 같은 시를 쓴 것이다. 이 시의 말미에 "선배들은 세이켄지가 우리나라 낙산사와 비슷하다고 하였는데, 낙산사에 의상루가 있기에 이른 말이다"라는 설명을 덧붙였다. 여기서 선배란 1655년 사행의 남용익을 가리킨다. 원중거元重擧는 『승사록乘槎錄』에서 "세이켄지는 호곡 이후로 우리 사행들이 항상 낙산사와 비교하여 백중伯仲이라고 일컬었었다"며 다음과 같이 쓰고 있다.

대개 면류관을 쓴 듯한 모습이 높고 귀하며 웅장하게 뛰어남이 특히 빼어난 것은 낙산사로 진실로 천하의 명승이다. 그러나 평온하고 온화하며 영롱한 데다 겸하여 시내와 폭포의 빼어난 경치는 세이켄지가 뛰어나다. …… 나지막한 산들이 점점이 바다로 들어가 안팎의 포구와 모래톱의 사람과 안개 및 소나무와 대나무가 길게 먼 형세를 이루며 배들이 그 사이에서 나타났다 사라졌다 한다. 이는 또한 낙산사에는 없는 것이다. 요컨대 낙산사와 백중이 된다고 하여도 해가 될 것이 없다.

1763년 사행의 정사 조엄은 휘하의 화원에게 부탁하여 낙산사 그림을 그려 귀로에 주시기를 바란다는 세이켄지 주지의 간곡한 부탁을 받게 된다. 조엄은 사찰의 보배로 삼아 영구히 보관하겠다는 주지의 말을 차마 외면할 수 없어서 화원 김유성金有聲에게 낙산사와 금강산 그림을 그려주도록 명했다. 그 결과물이 세이켄지가 소장하고 있는 4폭 1척의 〈산수화조도압회첩병풍〉이다. 이 병풍에는 낙산사와 금강산 외에도 매화 그림이 그려져 있는데, 18세기 중엽 조선의 수묵화를 이해하는 데 귀중한 자료로 평가된다.

세이켄지의 역대 승려는 시문창화 능력이 뛰어나서 통신사의 시문을 높이 사고 잘 보존해왔다. 그렇기에 지금의 세이켄지가 '통신사 박물관'과 다름없는 사적지로 이름을 높일 수 있었다. 가쓰시카 호쿠사이葛飾北齋의 〈동해도오십삼차〉 중 〈유이由井〉는 통신사 일행의 한 사람이 일본의 관리나 승려 앞에서 먹의 흔적도 선명하게 '세이켄지淸見寺'라고 적고 있는 그림이다. 이것은 상상도이지만 조선통신사와 세이켄지의 깊은 관계가 널리 알려진 증거가 되고도 남는다.

세이켄지 정원

조선통신사들이 찬미했던 세이켄지 정원은 지금 국가 지정 명승으로 이름이 높다. 또한 못을 하나도 사용하지 않고 만든 산문山門, 도쿠가와 이에야스가 접목한 매화나무, 어릴 때 이에야스가 공부했던 방 등이 잘 보존되고 있어 유서 깊은 사찰임을 웅변해준다. 무엇보다 이 사찰 경내의 산기슭에는 다양한 표정을 한 '오백나한五百羅漢'의 석상이 방문객의 눈길을 끈다. 에도 시대 슨푸에서 병사한 류큐琉球 왕자의 무덤도 있어서 에도 시대에 문화 교류가 왕성했음을 알려준다.

세이켄지는 스루가 만을 앞에 둔 풍경의 명아함과 함께 역대 승려들의 시문창화 교류 등으로 인해 지금까지 찬연하게 빛나고 있다. 하지만 통신사들이 그토록 찬미했던 이 사찰 주변의 경치는 지금 어떠한가? 현대화 물결에 밀려 망실되거나 가려지거나 하여 사라지다시피 했다. 절의 경내를 끊어 철길이 가로질러 가고 해변가에는 고가도로와 창고 건물 등이 들어서 절경의 미호 송림도 보이지 않는다. 참으로 안타까운 일이다.

7. 구노 산 도쇼구

우리 탐방단은 세이켄지가 소장하고 있는 통신사 유물과 세이켄지의 모습을 너무나 진지하게 살펴보느라 시간이 그렇게 흘러갔는지 몰랐다. 아뿔싸, 우리는 다음 코스인 삿타 고개 답사 시간마저 까먹고 만 것이다. 참으로 아쉬웠지만 저녁 시간의 교류회 등 일정이 워낙 빡빡하여 삿타 고개는 건너뛰기로 했다. 우리 일행이 세이켄지를 나서서 찾은 곳은 니혼다이라日本平였다. 니혼다이라의 절경이라면 삿타 고개를 찾지 못한 서운함을 그런대로 메워줄 수 있을법했다.

'국가명승지' 이자 현립縣立 자연공원으로 지정된 니혼다이라는 미호노마쓰바라三保之松原에서 스루가 만, 이즈伊豆 반도, 후지산과 '미나미 알프스' 까지 펼쳐진 웅대한 자연의 파노라마를 한눈에 볼 수 있는 아주 멋진 전망대이다. 1979년 '일본관광지 100선 콩쿠르'에서 1위로 선정된 곳이기도 하다. 2007년 5월에는 이곳에서 조선통신사 400주년을 기념하는 학술세미나와 양국 교류회가 성대하게 개최되었다. 이 행사에 참가했던 필자는 니혼다이라에서 만년설을 머리에 이고 있는 후지 산의 황홀경을 지켜보며 넋을 빼앗겼다.

니혼다이라에서 바라본 후지 산

구노 산 도쇼구

구노 산 도쇼구 전경 지도

니혼다이라의 매력은 일본이 자랑하는 녹색의 파노라마를 조망하는 것만이 아니다. 이곳에서 로프웨이를 타고 남쪽의 구노 산으로 건너가면 도쿠가와 이에야스의 신사인 도쇼구와 도쿠가와 박물관을 만날 수 있다. 시즈오카는 이에야스와 연고가 깊은데, 유소년 시절, 전국 다이묘 시대, 천하통일 후 등 세 차례에 걸쳐 그러하다. 이마가와今川 가문의 인질로 어린 시절을 슨푸에서 보냈던 이에야스는 1589년 슨푸 성을 짓고 은거했으며 그 후에도 태상왕으로서 정치를 관장했다.

1616년 4월 이에야스가 슨푸 성에서 75세를 일기로 세상을 떠나자 자신을 이곳에 묻어달라는 유언에 따라 묘소와 신사가 조성됐다. 그 묘소는 스루가 만이 바라보이는 해발 270m의 산정에 위치하는데, 니혼다이라에서 로프웨이를 이용하거나 구노 해안에서 1,159층

의 돌계단을 걸어 올라갈 수 있다. 우리 탐방단은 천연의 요새이기
도 한 이곳을 로프웨이를 타고 찾았다. 도쇼구 궁사宮司이자 도쇼구
박물관 오치아이 히데쿠니落合偉洲 관장이 우리 일행을 반갑게 맞으
며 일일이 안내해주었다.

"도쿠가와 이에야스의 유언에 의해 구노 산이 묘소가 되었습니다.
이에야스는 이곳에 묻혔지요. 아들인 제2대 쇼군 히데타다秀忠의 명
령으로 불과 1년 7개월만에 도쿠가와 이에야스를 신으로 제사 지내
는 신사를 창건한 것이 이곳 도쇼구의 유래입니다." 히데쿠니 관장
은 폭염 속에서도 우리들에게 구노 산 도쇼구의 모든 것을 진지하
게 설명했다. 신전은 모모야마桃山 시대의 조각과 문양 기법을 사용
했으며 곤겐權現 양식의 건축에 옻칠한 지붕, 극채색의 누각 등이 국

도쿠가와 이에야스 무덤

가 중요문화재로 지정되어 있다.

도쇼구는 50년에 한 번씩 신전을 전부 다시 칠하는 행사가 있는데, 칠이 끝나면 매우 눈이 부신다고 한다. 신사 뒤쪽에는 애마와 함께 묻힌 도쿠가와 이에야스의 무덤이 있는데, 닛코로 옮겨가서 다시 조성한 무덤과 비슷한 모양이었다. 구노 산 도쇼구 박물관은 경내에 자리하고 있다. 도쿠가와 가문 역대 쇼군의 갑옷과 투구, 고문서 등 약 2,000점을 소장하고 있다고 했다. 이에야스가 애용한 외제 안경과 멕시코 총독이 보내온 스페인제 서양 시계 등도 전시하고 있다.

8. 슨푸 성의 3층식 이중 망루

우리 탐방단은 도쿠가와 이에야스의 유적을 따라 슨푸 성으로 발길을 옮겼다. 유년 시절 이마가와 가문의 인질로 붙잡혀 슨푸에서 생활하게 된 이에야스는 훗날 스루가의 영토를 손에 넣은 뒤 1589년 이마가와 가문의 저택이 있던 장소에 슨푸 성을 축성했다. 그는 한동안 슨푸 성을 떠난 적도 있었지만 1607년 서쪽 지방 다이묘의 부담으로 성에 대궁전에 걸맞은 3중의 해자와 6층(또는 5층) 7단의 천수각을 만들어 면모를 일신시켰다.

이에야스는 그 이후 슨푸 성에 살면서 태상왕으로서 쇼군 히데타다의 후견인 역할을 맡아 국내 통일과 외교 정책에 진력했다. 그가 외교력을 집중하여 공을 들인 것이 조선통신사였다. 1607년 제1회

슨푸 성 3층식 이중 망루

슨푸 성 모형

통신사 일행은 슨푸 성에 기거하던 이에야스에게 선조宣祖가 쓴 국서를 전달하겠다고 통보했다. 하지만 이에야스는 "나는 아들 히데타다에게 쇼군 직을 양위했으니 먼저 에도로 가서 그에게 국서를 전한 뒤 돌아가는 길에 들려 달라"라고 했다. 이에야스는 통신사 일행에게 자신의 유람선 5척을 내주고 스루가 만에서 주변 경승을 즐기며 뱃놀이를 하도록 배려한 것이다.

슨푸 성은 1635년 화재로 천수각이 소실된 뒤 재건되지 않았다. 그래도 니노마루(둘째 성곽)와 산노마루(셋째 성곽)의 해자垓字, 오테고몬은 아직 잘 보존되고 있다. 또한 히가시고몬東御門과 3층의 이중 망루인 다쓰미 망루撰櫓 등은 복원되어 있다. 현재 산노마루에는 시즈오카 현청 등 공공시설물이 들어서 있고, 혼마루와 니노마루는 슨푸 공원으로 시민에게 개방되어 있다. 혼마루의 한편에는 매 사냥을 좋아했다는 이에야스를 본떠서 만든 것으로 보이는 매를 손등에 앉힌 이에야스의 거대한 동상이 세워져 있어 눈길을 끌었다.

시즈오카 시 문화재과 야마코토 고지山本宏司 씨가 우리 탐방단을 다쓰미 망루와 히가시고몬 등으로 안내해주었다. 다쓰미 망루는 슨푸 성 니노마루 건물의 동남쪽 모퉁이, 즉 12간지의 동남쪽 방향에 세워진 3층식 이중 망루로서 성내에서 가장 높고 아름다운 건축물이다. 슨푸 성의 니노마루 동쪽에는 해자 위에 놓인 히가시고몬이 망루와 나란히 서 있고, 고라이몬高麗門, 야구라몬櫓門이 재현되어 있었다.

슨푸 성의 산노마루에는 지난날 금속활자 인쇄시설이 있던 곳이 빈터로 남아 있다. 우리나라는 고려 고종 21년(1234년)부터 금속활자

를 쓰기 시작했으나 일본에서는 임진왜란 전까지 목판인쇄만 사용
했다. 그런데 우리의 귀중한 금속활자가 임진왜란 때 한양을 침공
한 왜군에 의해 방대한 서적과 함께 몽땅 약탈되었다. 한양에서 약
탈해온 금속활자는 이들이 처음 손에 넣어본 귀중한 새 기술이었다.
이 부분에 대해 신성순과 이근성이 쓴 『조선통신사』(중앙일보사, 1994)
는 다음과 같이 기술하고 있다.

> 이에야스는 만년에 슨푸 성에 은거하면서 이 성 안의 산노마루에 금
> 속활자 인쇄 시설을 갖추어 놓고 『대장일람(大藏一覽)』, 『군서치요(群書治
> 要)』라는 책을 출판하도록 했다. 이때 쓰인 활자가 서울에서 약탈해간
> 것인지는 확실히 알 수 없으나 한반도에서 건너간 최신의 인쇄 기술에
> 이에야스가 직접 큰 관심을 기울인 것만은 틀림없다. 인쇄를 담당했던
> 기술자는 임오관(林五官)이라는 한국 사람이었다. 전쟁 때 금속활자와 함
> 께 잡혀간 사람이었을 것이다.

9. 에도에서 가져온 병풍 15쌍

시즈오카 역 앞에는 유서 깊은 고찰 호타이지寶泰寺가 있다. 인근
의 게요인華陽院과 함께 통신사의 객관으로 이용되었던 사찰이다. 우
리는 시즈오카의 마지막 일정으로 호타이지를 찾았다. 호타이지의
후지와라 도엔藤原東演 주지가 우리 일행을 아주 반갑게 맞이해주었
다. 오후의 폭염이 여전히 그 위세를 떨치고 있었지만 호타이지 경

호타이지 정원

내의 잘 가꾸어진 정원이 더위를 식혀주는 듯했다. 1719년 사행 때
는 호타이지에서 통신사 일행이 점심을 들고 휴식을 했다. 당시의
제술관 신유한은 정원이 넓고 아름다웠다며 자신의 사행록인 『해유
록』에 다음과 같이 썼다.

　　이 절은 이 나라에서 제일 기려하다. 정원에는 상하의 두 연못이 있
　　는데, 돌을 깎아 둑을 쌓았다. 머리를 들어 쳐다보면 기이하게 생긴 곳
　　에서 폭포가 쏟아지는데, 높이가 수십 척이 되고 연못으로 떨어진다. 연
　　못 가운데 돌다리가 놓여 있고 좌우에는 기이한 꽃들이 우거져 말로 다
　　표현할 수 없다.

호타이지에는 지금도 정원에 향나무와 영산홍 등이 잘 가꾸어져 있고, 연못 사이로 돌다리가 놓여 있다. 하지만 신유한이 말한 폭포는 그 어디에서도 찾을 수가 없었다. 사찰의 규모가 줄어들었다고 하더라도 주변 일대에 폭포가 있었을 것으로는 생각되지 않는다. 사찰 주위에 산은커녕 언덕도 없기 때문이다. 아마 세이켄지의 폭포와 착각한 것이 아닌가 모를 일이다. 어쨌든 호타이지에 통신사가 머물 때는 에도에서 병풍을 가져와 거실을 장식했다고 나카오 히로시仲尾宏가 『조선통신사 이야기』에 쓰고 있다.

호타이지 정원의 평화상야등

호타이지는 순카 조다이(駿下城代)가 있어 쇼토쿠 때의 5개소 노연(五所路宴) 중 한 개소로 지정되었으며, 가반(加番)들이 협동하여 접대했다. 호타이지와 사원의 탑두에는 세 사신과 상관 등이 들어가고 중·하관은 주변 사원에 나뉘어 숙박했던 것은 다른 조카마치와 마찬가지였다. 호타이지에서는 통신사를 위해 일부러 병풍 15쌍을 가져와 거실을 장식했다. 교호 때 이후로는 슨푸 성 내에서 가져오는 것으로 바뀌었지만 그 배려의 정성이 짐작된다.

호타이지 정원에서는 2007년 12월

에 세운 석등 '평화상야등平和尚夜燈'이 무엇보다 눈길을 끌었다. 조선통신사 400주년을 기려 원폭 피해자들의 영을 위로하기 위해 이 석등을 세웠다고 한다. 특히 이 평화의 등을 만드는 석등 기술자를 우리나라 여주麗州 고달사에 보내 디자인을 익히게 하고 다시 그를 중국에 보내 돌을 사서 조각하게 했다는 것이다. 또한 지난해 그동안 소장하고 있던 각종 시문을 한 권의 책으로 묶어냈다고 하면서 주지 스님이 우리에게 한 권씩 나눠주었다.

통신사 일행은 시즈오카의 에지리江尻에 있는 숙사를 이용하기도 했다. 에지리는 역사 깊은 여관 거리로 지금의 시미즈 항 일대이다. 에도로 가는 도중의 통신사 숙소는 대개 절이었음에 비해 이곳만은 지방 부호의 저택을 빌려 영빈관으로 사용했다. 1719년의 사행 때는 말馬이 없어 통신사행의 출발이 늦어지는 소동을 빚기도 했다. 말 주인들이 말의 임대료가 맞지 않는다고 말을 내놓지 않았다고 한다. 돈을 아낀다고 말 값을 많이 깎았다니, 놀라운 일이 아닐 수 없다.

10. 손에 손잡고 노래하며 춤추다

2008년 7월 31일은 3년 동안 한여름철에 계속해왔던 '조선통신사 옛길을 따라서' 탐방의 마지막 날 밤이었다. 다음 날 오전 아라이세키쇼 답사 일정을 남겨놓고 있었지만, 저녁 시간은 이날 마지막을 장식하게 되었다. 탐방단은 시즈오카의 시민단체인 '시즈오카에 문화의 바람을 회' 회원들과 교류회를 갖기로 되어 있었다. 사토 도시코 대표 등이 세이켄지에 마중을 나왔던 것도 그 때문이었다. 우리 일행은 교류회 장소인 모쿠세이 회관을 찾았다. 일본 측 회원들은 우리 일행에게 일일이 꽃다발을 목에 걸어주며 열렬히 환영했다.

일본 측에서는 '시즈오카에 문화의 바람을 회'와 '핑크 다크'와 고토 아쓰시後藤淳 시즈오카 현 문화정책실장, 아마노 하지메天野一 시즈오카 현 의회의장 등 현청과 시청 관계자 등의 시즈오카 현 주요 인사들도 대거 참석하여 우리를 놀라게 만들었다. 그리고 현지에서 조선통신사 행사를 이끌고 있는 김양기金兩基 교수와 한국민단 시즈오카 본부 김진권金辰權 본부의장 등이 참석하여 우리 일행을 환대해주었다.

'문화의 바람' 사토 도시코 대표는 우리 일행을 맞는 환영사에서

김양기 교수

"15년 동안 시민자원봉사단체로 일하고 있는데, 우리 시민이 자기 지역 역사를 알고 자부심을 갖고 살아가자는 취지에서 공부를 하고 있고, 그런 취지로 10년 전 세이켄지를 처음 방문했을 때 조선통신사를 알게 됐다"라고 밝혔다. 그리고 시즈오카에서 조선통신사 행렬 재현 등을 이끌고 있는 김양기 전 시즈오카 현립대 교수를 이 단체의 고문으로 모셔서 여러 가

지 가르침을 받고 있다고 했다. 인권운동 단체인 '핑크 다크' 역시 김양기 교수의 저서를 공부하기 시작하면서 발족되었다고 했다.

맛있는 음식과 음료가 한껏 제공되었다. 일본 측 참석자들은 우리의 '고향의 봄'을 한국어로 노래했다. 우리 일행은 이 교류회를 위해 익힌 일본 노래 '후루사토[고향]'를 불러 큰 박수를 받았다. 이어서 '핑크 다크' 단원들이 '보름달'이라는 이름의 민속춤을 추었다. 간단한 동작이면서 경쾌한 이 춤의 시범이 끝나자 춤 동작을 우리 일행이 익히도록 가르쳐주었다. 그래서 교류회에 참석한 모든 사람들이 손에 손을 잡고 연회장을 빙빙 돌면서 다 함께 이 춤을 추었다. 즐겁고 아름다운 교류회의 밤이었다.

조선통신사에 대한 시즈오카 현의 의욕은 우리나라의 부산에 뒤지지 않을 만큼 대단했다. 교류회에 참석하여 자리를 빛내준 김양

교류회에서 함께 춤추는 모습

기 교수는 "시즈오카는 조선통신사와의 인연이 특별히 깊은 것을 내세워 조선통신사를 시즈오카만의 독특한 문화상품으로 만들려고 한다"라고 말했다. 김 교수는 지난해 시즈오카 현의 '조선통신사 400주년 기념행사 추진위원회' 위원장의 중책을 맡아 이 행사를 훌륭하게 치러냈다. 교류회를 주최한 시즈오카 시민단체도 그가 가르치고 이끌어온 것이다. 다음은 김양기 교수와의 일문일답이다.

- 우리 일행을 위한 시즈오카 측의 배려가 놀라울 정도이다. 시민단체와 현청, 시청 관계자들도 그렇지만, 세이켄지와 호타이지 등 사찰 등에서도 특별한 친절을 베풀었다. 다른 곳과는 다른 느낌이다.

- 세이켄지와 호타이지 등에는 내가 자원봉사자를 보내거나 주지 스님에게 직접 당부 말씀을 드리기도 했다. '시즈오카에 문화의 바람을 회'와 '핑크 다크'는 내가 뒤에서 지원하고 있는데, 조선통신사를 시민들에게 인식시키는 등 많은 성과를 얻고 있다. 앞에 나서는 것보다 뒤에서 돕는 것이 더 보람 있다고 생각한다.

- 교류회를 준비해준 '시즈오카에 문화의 바람을 회' 대표를 비롯하여 회원들의 열의가 대단하다. 현청과 시청, 민단 관계자 등이 함께 나와 환영을 해주었는데, 우리는 미처 생각지도 못한 일이다.

- 국제교류는 참가자들이 다 함께 노래하고 춤추는 것이 가장 좋다. 서로가 서로를 이해하고 한마음으로 어울릴 수 있는 첩경이 아니겠는가. 조선통신사에 대해서는 시즈오카 현청이나 시청이 아주 적극적이다. 지난

해 400주년 큰 행사를 성공적으로 치렀는데, 올해도 시즈오카 현에서
어린이 조선통신사 행사를 지원하기로 약속했다.

• 지난해 조선통신사 행렬 재현 때 조총련 측 민족학교 학생들도 참
  여했는데, 그들을 참가시키는 것이 힘들지는 않았는지?

– 어린이 조선통신사 행사에서 한국과 일본, 중국 청소년들이 국경을 초
  월하여 21세기의 조선통신사로서 손과 손을 맞잡고 있듯이 조선통신사
  는 이데올로기를 초월하는 것이다. 좋은 뜻으로 한마음이 되어 단결하
  면 진취적으로 발전할 수 있지 않겠는가.

• 이미 고희를 넘긴 나이지만 아주 건강하게 보인다. 시민단체를 이
  끄는 등 많은 활약이 기대된다. 앞으로의 계획 등을 알고 싶다.

– 사실 나는 한국 국적을 가진 사람으로서는 일본 교육공무원 제1호가 되
  었다. 시민단체는 나의 저서를 중심으로 공부한 것이 계기가 되어 발족
  했는데, '핑크 다크'를 통해 인권운동이 시민사회 저변으로 널리 확산
  되도록 하겠다. 그리고 지역사회의 문화를 익히는 것에 눈뜨게 하는 '문
  화의 바람을 회'를 통해서는 한일 두 나라의 역사가 정립되도록 하고
  친선 관계를 확립하도록 하겠다. 물론 나는 앞에 나서지 않고 뒤에서
  지원할 것이다.

에도 최후의 방어선으로 천험의 요새이자 후지 산에서도 가까운 명승지 하코네. 온천과 호수로 둘러싸인 자연 조건과 함께 오랜 세월 형성된 유서 깊은 역사 도시가 바로 이곳이다. 그런 만큼 하코네와 그 주변 경관은 통신사 노정 가운데 가장 정채로운 구간이기도 했다.

제 3 장 | 조규익

통신사들의 땀과
한숨이 서린 천하절경,
하코네 箱根

1. 에도의 관문이자 천하절경

  드디어 후지 산이 보이는 하코네를 밟게 되었다. 이곳은 산이 높고 골이 깊으며, 곳곳에 온천 간판을 달고 있는 호텔이 산재한 곳이다. 에도 최후의 방어선이자 후지 산으로부터 지근至近에 있는, 험준하고 아름다운 명승지 하코네. 온천과 호수로 둘러싸인 자연 조건과 함께 오랜 세월 형성된 유서 깊은 역사 도시이다. 어느 노정엔들 조선통신사의 애환이 서려 있지 않겠는가만, 하코네는 다른 노정들과 달랐다. 사행에 따라 약간의 차이가 있겠지만 통신사들은 대체로 11,470리 정도의 먼 길을 오갔다. 육로와 해로, 강로, 다시 육로를 거쳐야 하는 멀고 먼 길이었다. 에도의 관문이자 천하절경인 하코네에서 통신사 일행은 먼 길의 여독旅毒을 풀었을 것이다. 쓰시마 번의 호위무사 안내인 등을 포함하여 2,000여 명의 일행이 이토록 험준한 곳에 오기까지 얼마나 힘들었을까. 힘이 좋은 대형 버스도 가쁜 숨을 몰아쉬며 쉬엄쉬엄 넘는 하코네 고갯길. 무거운 등짐

하코네 아시 호

으로 땀에 절고, 돌길에 발이 부르트기도 했을 그들의 고통이 손에
잡힐 듯했다.

우리는 하코네에서 소운지早雲寺, 유모토湯本, 모토하코네元箱根, 하
코네세키쇼箱根關所, 하코네하치리이시미치箱根八里石道 등을 돌아보기
로 했다. 모두 조선통신사의 자취가 홍건하게 남아 있는 곳들이다.

하코네는 활처럼 휘어진 일본 열도의 중간인 가나가와 현神奈川懸
남서부 하코네 산 일대를 지칭하며, 후지·하코네·이즈 국립공원에
속해 있는 지역이다. 물의 효능이나 성분에 따라 '하코네 13온천'
혹은 '하코네 17온천'으로 유명한 하코네는 일본의 온천지역 가운
데 하나이며 국제적인 관광휴양지로도 잘 알려져 있다. 특히 이곳
의 명물은 북쪽에 위치한 아시 호芦湖인데, 이 호수는 후지 산의 화
산 활동으로 형성된 칼데라 호다.

하코네세키쇼 자료관의 히토미온나

하코네세키쇼는 서일본의 여러 번藩에서 에도로 들어가기 위한 관문이기에 경계가 매우 삼엄한 곳이었다. 특히 통행증이 없으면 누구도 통과할 수 없었으며, 다이묘나 귀족 등 신분이 높은 사람들도 가마의 문을 열어 놓은 채 모자를 벗고 지나야 했다.

당시 엄중한 하코네세키쇼와 관련해서 '이리텟포니데온나' 라는 말이 있을 정도였다. 이 말은 외지에서 에도로 철포鐵砲가 반입되는 것과 에도에서 지방으로 나가는 여자를 특별히 감시한 데서 생겨났다. 쇼군이 있던 에도로 철포가 들어오는 것과 몰래 빠져나갈 경우 반란을 일으킬 우려가 있는 인질인 영주의 처자가 나가는 것을 철저히 통제한 것이다. 의심스러운 여성의 경우 '히토미온나人見女' 라는 노파가 밀실로 데려가 옷을 벗기고 몸 구석구석까지 조사한 것도 그 때문이었다. 우리는 하코네세키쇼의 자료관에서 여인의 몸을 뒤지는 히토미온나의 모형을 볼 수 있었다.

이처럼 경비가 삼엄하던 곳이 하코네였다. 이 점에 관하여 기록으로 전해지는 조선통신사의 일화 하나가 있다. 1748년 도쿠가와 이에시게德川家重의 습직襲職을 축하하기 위해 파견된 통신사행의 종사

복원된 하코네세키쇼 내부

관 조명채가 기록한 『봉사일본시문견록』에 보면 당시 이곳의 상황을 알 수 있다. 당시 하코네세키쇼의 관리는 수역首譯을 통해 "이곳은 관백이 중신을 보내어 진수鎭守하는 곳이므로, 앞뒤 두 문 안은 사람들이 말을 타고 지나가지 못합니다. 전부터 사신 행차 때에 상상관은 현교에서 내리고 차관次官은 탄 말에서 내린다는 것이 왜인의 등록謄錄에 실려 있습니다"라는 말을 전하면서 사신들이 가마와 말에서 내릴 것을 요구했다. 그러자 조명채는 일본 측에 사신들이 말에서 내려야 하는 근거를 대라고 항의하고, 일본 측의 요구를 그대로 일행에게 전하여 차질을 빚게 한 수역을 몹시 꾸짖었다고 한다. 결국 일행 중 일부는 가마와 말에서 내렸으나 정사와 부사, 종사관 및 나머지 고급 수행원은 모두 가마와 말을 탄 채로 이곳을 통과했다.

2. 절경 속에 물씬한 역사의 흔적

과연 듣던 대로 하코네는 험준한 산으로 둘러싸인 아름다운 곳이었다. 우리를 태운 관광버스는 무성한 삼림을 뚫고 높은 산과 깊은 계곡을 오르내린지 수십 분 뒤에 소운지에 당도했다. 줄줄 흐르는 땀을 계곡의 바람으로 식히는 우리들에게 주지 스님은 연신 소운지의 자랑을 늘어놓았다. 일본의 어디에서도 소장하고 있지 않은 병풍과 조선통신사가 남긴 수적手迹 때문이었다. 절 대문에 큼지막하게 걸려 있는 '금탕산金湯山'이라는 현액도 1643년 통신사행의 사자

조선통신사의 수적이 남아 있는 소운지의 대문 현액

관寫字官이었던 설봉雪峯 김의신金義信의 글씨였다. 그러나 무엇보다 놀란 것은 법당 안쪽의 마루방에 들어갔을 때였다. 자랑스레 세워 놓은 글 가운데 '조선국朝鮮國 박남간朴南澗'의 필적으로 쓰인 '금탕산조운선사십경金湯山早雲禪寺十景'이 내 눈을 사로잡았다. 그 내용은 다음과 같다.

쌍유봉은 웅대한 호숫가를 눌렀고	雙乳鎭雄湖水濱
남병산 아래는 속진을 피할 만하네	南屏山下避埃塵
온천궁은 옛날 자취인데 장차 달을 맞을 만하고	溫泉宮舊將迎月
비설암은 높아서 봄을 기다릴 만하다네	飛雪巖高欲待春
멀리 사봉을 가리키되 뜻을 두기 어렵고	遙指士峯難措意
가까이에서 대통으로 구기질을 하니	近刳筧笛足容身
족히 몸을 용납할 만하네	
금탕산의 형승은 모두 감상할 만하여	金湯形勝皆堪賞

需卒題相州金
湯山早雲禪寺
十景
雙乳鎮雄湖水
濱南屏山下避
埃塵溫泉宮舊
將迎月飛雪巖
高欲待春遲近
士峯難措意指
輿覓筇是容身
賞獨木橋邊望
眼新
金湯形勢皆堪
朝鮮國朴南澗

소운지 십경

독목교 가에서 바라보니 눈이 새로워지네　　　　獨木橋邊望眼新

조선국 박남간 쓰다　　　　　　　　　　　　　　朝鮮國 朴南澗

　'빈濱'과 '진塵'의 운자韻字를 고려할 때 1행과 3행이 빠져 있었지
만 절의 주지는 그 사실도 모른 채 자랑스레 내 보이며 감상하라고
했다. 이름을 확인할 수 없는 조선통신사의 일원인 박남간은 당시
이곳에 당도하여 주변의 경치 가운데 10개를 꼽아 7언시로 읊은 것
이 틀림없었다. 그러나 오랜 세월 베끼고 베끼며 내려오는 동안 두
행이 빠져 현재는 8경만 남아 있었다. 그래도 반가웠다. 하코네의
경관이 얼마나 아름다웠으면 그 가운데 10경을 꼽아 시로 읊어냈을
까. 이 10경(쌍유봉, 남병산, 온천궁, 비설암, 사봉, 견통, 금탕산, 독목교, 나머지 둘은
미상)의 존재를 일본인이 알았다면 그들의 성미로 미루어 벌써 관광
자원으로 만들었을 것이다. 그렇게 하지 못하고 있는 것을 보면 혹
시 아직도 그들은 그때의 무지함에서 벗어나지 못한 것이 아닐까.
　박남간이 시로 그려낸 금탕산 10경이 과연 무엇인지는 알 수 없

었지만 우리는 발품을 팔아가며 하코네의 역사와 경물을 뒤지고자 했다. 미시마三島, 아타미熱海, 오다와라小田原, 고텐바御殿場 등 주요 도시를 연결하는 교통의 요지인 모토하코네는 에도 시대 '하코네 8리 길'의 중간 역참으로 유명했던 곳이다. 이곳은 아시 호 유람선의 선착장이기도 하며, 여기서 15분 거리에 1,200여 년의 역사를 자랑하는 하코네 신사가 있다. 757년 세워진 하코네 신사에서는 매년 7월 고스이湖水마쓰리가 열리고 있다. 신사의 입구를 알리는 붉은색의 이치노도리이一ノ鳥居가 아시 호에 세워져 있고, 그 뒤에는 사이노카와라賽ノ河原 온천이 있다. 이 지역은 가마쿠라 막부 때부터 에도 시대까지 지장地藏신앙의 성지였는데, 현재도 많은 석불과 석탑이 남아 있다. 도카이도를 따라 에도로 가는 여행객은 하코네 남쪽의 미시마를 떠나 해발 1,000m의 하코네 고개를 넘어 모토하코네에서 쉰 다음 하코네세키쇼를 통과하여 동쪽 해안의 오다와라로 빠져나가는 것이 일반적이었다.

미시마에서 오다와라까지 32km의 돌길이 바로 하코네하치리이시미치이며, 세키쇼는 해발 840m 지점인 정상에서 약간 내려간 곳에 있다. 1619년 도쿠가와 이에야스가 세운 하코네세키쇼는 1869년까지 에도로 들어가던 사람을 검문했다. 특히 오사카 지방에서 도쿄로 가기 위해서 반드시 통과해야 하는 관문이었기에 조선통신사 행렬도 이 길을 항상 통과했다.

1719년 도쿠가와 요시무네德川吉宗의 습직을 축하하기 위한 통신사행의 제술관이었던 신유한 일행은 미시마에서 1박을 하고 해가 뜨자마자 출발하여 하코네 고개箱根嶺에 올랐다. 미시마에서 모토하코네로 오르는 길은 가파르기로 유명했다. 신유한은 그 지점을 이렇게 묘사했다.

해가 뜨자 출발하여 민가의 거리 7, 8리를 뚫고 지나 비로소 하코네 고개에 이르렀다. 길이 험준하므로 남여를 메는 사람이 힘을 다하여 올라가는데 자주 바꾸어 쉬어도 오히려 숨결이 헐떡이고 급하였다. 남여에서 보니, 우삼동(雨森東)이 말에서 내려 걷고 있었다. 내가 웃으며 묻기를 "어찌하여 백두습유(白頭拾遺)가 되었소?" 하니 우삼동이 말하기를 "이 고개가 몹시도 험하니 말을 타면 내가 다칠까 염려되고 남여를 타면 사람들이 골병들까 염려되어 차라리 내가 수고로운 것만 못합니다" 하였다. …… 봉우리 위로부터 조금 수백 보를 내려와서는 동부(洞府)가 되었는데 사면에 산이 첩첩으로 껴안았고 가운데는 호수가 있어 주위가 수십 리나 되는데 깊고 넓고 검푸르다. 세속에서 용 아홉 마리가 그 밑에 엎드렸다 하여 '구룡담(九龍潭)'이라 부른다고 했다. 이름을 하코네호(箱根湖) 또는 후지 호(富士湖)라 한 것은 그 산의 이름을 그대로 딴 것이다. 호수 주변의 인가들이 매우 성대했다. 그중에 호수에 바로 지어진 굉장한 집이 바로 사신의 관(館)이 되었다.

솔·삼목(杉木)·단풍·대나무가 푸르게 우거졌고, 떨어진 노을[霞] 나는 새는 가을 물결과 더불어 명미(明媚)함을 다투는 듯하다. 고기잡이배는 아득하게 하늘가로부터 내왕하는 듯하고, 또 후지 산의 백옥 봉우리가 높게 하늘에 뻗쳐서 그림자가 출렁이는 물결 사이에 거꾸로 비추었다. 이에 이르러 보는 사람들이 크게 즐거워하고 의심하여 '천 길 산 위에 어디로부터 동정호(洞庭湖)의 기이함을 얻었는고! 이제 비로소 조물주의

수단을 편벽되게 왜놈들을 위하여 허비한 것임을 알겠구나' 하였다. 나
는 말하기를 "옛적에 해상에 자라[鼇]가 다섯 산을 머리에 이고 있다고
전하는데, 일본 사람들이 자기네끼리 후지 산(富士山)·아쓰타 산(熱田
山)·구마노 산(熊野山)으로서 봉래(蓬萊)·방장(方丈)·영주(瀛洲)라 한다. 그
러나 산의 형상을 가지고 볼 때에 후지 산은 원교(圓嶠)라 불러야 하겠
고, 하코네 산은 방호(方壺)라고 부르는 것이 합당하겠다. 이것은 조물주
가 비밀히 아껴서 구주(九州)의 밖에 두어 중화(中華)의 높은 선비로 하여
금 생각해도 보지 못하게 하고, 또 왜속(倭俗)으로 하여금 보고도 그 이
름을 알지 못하게 하였으니, 다 같이 불우(不遇)한 것이다" 하였다.

　　-신유한, 『해유록』

　이 글은 경물에 대한 단순한 묘사가 아니라 자신의 느낌을 토로
한 것이다. 신유한 일행은 그렇게 가파른 길을 오르면서도 주변을
세밀히 관찰했고, 일행과 농을 주고받을 만큼 마음의 여유가 있었
던 것이다.
　인용문에 '우삼동'으로 나오는 아메노모리 호슈雨森芳洲와 하코네
고개를 넘으면서 주고받은 말은 신유한이 그에게 갖고 있던 인간적
신뢰를 간접적으로나마 드러내는 효과를 발휘한다. 그리고 하코네
호(아시 호) 주변의 인가들이 성대하다는 점, 자신들이 묵은 관이 '꿩
장했다'는 점, '조물주가 왜놈들을 위해 자신의 수단을 편벽되게 허
비했다'고 할 정도로 하코네 호가 너무 아름답다는 점, '조물주가
비밀히 아껴서 구주의 밖에 두었다'고 할 만큼 하코네 산과 후지 산
은 아름다움의 극치라는 점 등을 가감 없이 말하고 있는 것은 신유

하코네 구가도

하코네 구가도 표지판

한을 비롯한 통신사 일행이 가진 일본에 대한 이미지를 순화시키는데 하코네 일대의 풍광이 결정적인 역할을 했음을 암시한다. 이처럼 에도의 관문인 하코네가 통신사행에 의미심장했었음을 알 수 있다.

우리도 돌투성이의 그 길을 넘었다. 컴컴한 초저녁, 길바닥은 온통 파란 이끼가 낀 넓적돌이 깔려 있었고, 그 사이사이로 험하게 생긴 조각돌이 날카로운 기세를 보여주고 있었다. 맨몸으로 오르는데도 등에는 땀이 흘렀다. 주변은 울창한 나무숲이라 앞사람의 등판만 보일 지경이었다. 등성이에 오르자 날렵한 잉어 모양의 돌판이 있었는데 다가가보니 일본말로 노래가 새겨져 있었다. 우리를 안내해준 하코네초 향토자료관의 오와다 고이치小和田公一 관장은 그 노래를 다음과 같이 번역하여 들려주고 즉석에서 노래까지 한 자락 뽑는 게 아닌가. 땀을 흘린 와중에도 무척 감동했다. 그가 들려준 노래는 다음과 같다.

하코네 8리 길은

말도 지나가는데

오이 강은 건너려 해도

건널 수 없네

그는 이 노래를 노동요라고 했지만, 듣기에 슬픈 가락의 노래였다. 길섶의 나무가 뿜어내는 습기와 등에서 흘러내린 땀으로 축축해진 우리의 마음을 더 습하게 만들었기 때문이다. 무거운 등짐을 지고 이 등성이를 넘어 다닌 사람들. 그들의 몸과 마음은 모두 피곤

하고 괴로웠으리라.

그 등성이를 넘어 30분쯤 내려가니 일본식 주막이 나왔다. 그 옛날에도 그 자리에 있었을 것 같은 작고 허름하지만 고풍스러운 주막이었다. 감주甘酒가 주 메뉴인 이 주막의 이름은 '아마자케차야甘酒茶屋'였다. 에도 시대 하코네 구가도箱根旧街道인 도카이도의 하타주쿠畑宿와 하코네 사이 중간 지점에 위치해 있다. 여행객들이 잠깐 쉬어가던 장소로 그 옛날엔 4채의 건물이었는데 현재는 한 채의 집만 남아 있었다. 우리는 아쉬움을 느꼈지만 그곳에서 일본 전통의 맛을 느낄 수 있었다. 옛날식 등롱 모양의 전등불이 아련히 켜진 그곳은 따스하고 정겨웠다. 벽은 메뉴로 가득했고, 영업을 하고 있는 주인 할머니와 며느리는 친절했다. 올망졸망한 아이들도 티 없이 맑은 얼굴로 이국의 손님들을 바라보았다.

1619년경 유모토~하타주쿠~하코네로 이어지는 새로운 가도街道가 생겼다. 막부에서는 여행자를 위해 이 도로 양쪽으로 600m쯤의 길이에 삼나무를 심어 가로수 그늘을 조성했다. 이 도로가 바로 '구가도 삼나무길旧街道杉並木'이며 현재 420여 그루의 삼나무가 남아 있다.

진흙탕 길이었던 하코네 가도가 정비된 것은 1635년 산킨코타이參勤交代 제도 덕이었다고 한다. 산킨코타이 때문에 관서 지역의 영주들은 반년에 한 번씩 이 길을 지나게 되었다. 그리고 그들을 위해 막부는 1680년 큰 공사를 벌여 하코네 고개와 모토하코네~오다와라 구간의 요소마다 돌을 깔았다. 에도 막부가 관서 지역의 다이묘를 효과적으로 지배할 목적으로 그런 큰 역사役事를 벌인 것은 물론

하코네 구가도를 넘다가 만난 노래비

甘酒茶屋

赤穂浪士の一人、神崎与五郎が馬子の丑五郎にいいがかりをつけられ、大事の前の小事と詫証文を書いたと伝えられるこの甘酒茶屋は箱根旧街道（江戸時代の東海道）中、畑宿と箱根宿のちょうど中程にあり、街道を上り下りする旅人が一休みするに適当な場所でした。
当時、この甘酒茶屋は四軒あったといわれるが、現在ではこの伝統の味を伝える茶屋は山本達雄氏の経営する一軒になってしまったが、シーズンともなると多勢の観光客やハイカーで大変な賑わいをみせる。

하코네 구가도에서 만난 아마자케차야의 간판

하코네 구가도에서 만난 방향 표지판

이다.

이 외에도 해발 1,050m의 오와쿠다니大涌谷와 소운 산早雲山, 그리
고 이곳에서 용출되는 온천도 있다. 특히 후지 산 인근에 있는 아시
호는 호면에 반사되는 후지 산의 모습으로 아름다웠다.

이처럼 하코네는 자연 경관이 수려하고 역사 유물이 풍부한 일본
굴지의 명승지라 할 수 있다. 호수와 각종 나무, 인가, 후지 산 등
이 어우러진 경치는 당시 통신사 일행에게 한 폭의 그림처럼 다가
왔을 것이며, 6개월에 걸친 여행의 피로 또한 말끔히 씻어주었을 것
이다. 일본에 대한 통신사 일행의 인식을 긍정적으로 바꾸는 데에
하코네의 좋은 경치가 큰 역할을 한 것으로 보는 이유도 여기에 있
다. 이와 같이 하코네에서 만나는 모든 것에 역사적 의미가 담겨 있
다는 것을 깨닫게 되기까지는 그리 오랜 시간이 걸리지 않았다.

3. 하코네의 의미를 찾아서

조선통신사들은 하코네의 자연 경관과 역사 유적을 어떤 식으로 묘사했으며, 그것에 어떤 의미를 부여했을까. 무엇보다 우리는 그것이 궁금했다. 1764년 통신사의 정사로 참여했던 조엄은 그의 『해사일기』에서 하코네 고개를 오르며 "소나무 그늘이 끝난 곳 전후좌우 산기슭에는 화살 만들기에 적합한 대나무 떨기들이 가득해서 상근령이라고 일컫는 것은 이 때문일 것"이라 추측했으며, 『수창록酬唱錄』에는 「상근령을 넘어가다 총죽叢竹을 보고서 우연히 읊음」과 「상근호」라는 시작품을 남겼다.

상근령을 넘어가다 총죽을 보고 우연히 읊음

백 리에 걸쳐 총죽이 널려 있어	百里蟠叢竹
이 고개 이름이 상근령이라오	箱根是號嶺
빽빽한 속에서도 낱낱이 꼿꼿하니	扶疏箇箇直
모두들 태양의 그림자를 받았나보구나	咸得太陽陰

조엄은 하코네에서 만난 대나무 떨기에서 깊은 인상을 받았던 모양이다. 특히 헤아릴 수 없이 많은 대나무들 모두가 꼿꼿한 모습을 보여주고 있는 점을 강조한 것으로 보아 사물의 정신을 주로 찾고자 했던 듯하다.

상근호

무더운 땅 기운 솟아나 샘이 되었으니	薰蒸地氣湧爲泉
깎아지른 산마루에 깊은 못 있음을	無怪深淵在絶嶺
괴이히 여기지 마오	
봉우리는 부용인 양 참하게 물에 젖었고	峯近芙蓉純浸水
비늘을 감춘 용은 혹시 하늘로 올랐는가	龍藏鱗甲或升天
비파호 사백 형상은 감(坎)으로 나뉘었고	琶湖四百形分坎
상역 삼 천 이익은 전지에 미쳤다네	桑域三千利及田
우리나라 백두산 마루에도 큰 못 있으니	東土白頭山有澤
남피에서 어느 해에 바다를 건넜던고	南皮渡海問何年

이처럼 산문으로 적어 놓은 내용을 시작품으로 다시 한 번 마무리한 점에 비추어 이 구역이 그에게 대단히 깊은 인상을 심어준 것이 분명하다. 그가 묘사한 하코네 호의 절묘한 모습은 또 있다.

길을 따라 내려가니 산언덕이 점점 넓어지다가 또 골짜기를 이루고, 갑자기 하나의 큰 마을이 나오며 왼쪽에 큰 호수가 있다. 이 고개는 후지 산의 동쪽 기슭이며, 호수 이름은 하코네 호로 둘레가 40리나 되는데, 높은 산마루 위에 이처럼 넓은 호수가 있으리라 미처 생각지 못하였다. 푸른 물결이 맑디 맑고 산 빛은 은은히 비치는데 밀려왔다가 밀려가고 물이 줄었다가 늘어나 알 수 없는 바가 있었다. 말로 전해오기를 '아홉 개의 머리를 가진 신룡(神龍)이 물 가운데 있어서, 사람이 혹 그 앞에 가까이 가면 문득 잡혀 먹힌다'고 하는데, 꼭 믿을 수는 없으나 대개 기이한 곳이다.

　　－조엄, 『해사일기』

　하코네 호를 대상으로 한 이 글의 전반은 사실적인 묘사가 주를 이루고 후반에는 서정적인 묘사가 이어진다. 산마루 위에 넓은 호수가 있다는 점, 밀려왔다 밀려가는 물이 줄었다 늘어나는 이치 등을 알 수 없다고 하며 그 기이함을 신룡에 관한 전설과 결부시키고 있다. 앞의 시 「상근호」는 이 산문을 그대로 압축한 것이다. 이 시의 기련起聯에서는 산마루에 깊은 못이 있는 기이함을, 함련頷聯에서는 부용을 닮은 봉우리의 아름다움과 용 전설을 떠올리게 하는 신비로움을, 경련頸聯에서는 비와 호에 못지않은 하코네 호의 미덕을, 미련尾聯에서는 우리나라의 백두산 천지를 끌어와 하코네 호와 대비하는 뜻을 각각 읊고 있다.

　조엄은 하코네 고개라는 지명의 유래를 주변의 경치, 즉 대상의 외면에서 찾아내고 있다. 세밀한 관찰을 통해서 마을의 규모나 산세 등을 그려내고 있으며, 호수의 아름다움과 신비로움을 그려내기 위해서 전설을 끌어오기도 했다. 말하자면 당시 조선통신사들에게 일본의 노정은 사실 확인의 대상이자 미적 표현을 위한 근거 역할을 했던 것이다.

　대상을 묘사하는 안목의 치밀함은 조선통신사가 남긴 기록의 대부분에서 확인할 수 있다. 그런데 그 안목의 치밀함은 하코네에 이르러 서정적 표현으로 전환된다. 예컨대 1624년 통신사의 부사로 참여했던 강홍중이 기록한 『동사록』의 하코네 부분이나 임광이 남긴 『병자일본일기』에도 조엄의 경우와 비슷한 면모가 보인다.

9일(기축) 맑음. 평명에 떠나 하코네 고개를 넘으니, 고갯길이 높고 험준하여 후지산과 마주 보고 있고 하늘가의 여러 산봉우리는 모두 눈앞에 있었다. 면죽은 산에 가득하고 교목은 하늘을 찌르니, 일본의 큰 고개로 아래에서 고갯마루까지가 거의 40리가 되었다. 밤새 눈이 내려 고갯길이 빠지므로 대를 베어 눈을 덮었는데 마른 땅을 밟는 듯하였다. 하룻밤 사이에 이것을 마련하였으니, 비록 호령의 신속함으로 말미암은 것이지마는 또한 물력(物力)의 풍부함을 볼 수가 있었다. …… 앞에 큰 호수 하나가 있는데 주위가 40리나 되고 수면이 거울 같았다. 해는 비끼고 바람은 고요하여 물결이 비단결 같은데, 기러기는 떼를 지어 날며 고깃배는 언덕에 매어 있으니, 참으로 그림 속의 풍경이었다.
　-강홍중, 『동사록』

삼도에서 겨우 6~7리를 지나면 곧 하코네 고개 밑인데, 큰 길이 평탄해서 그다지 험준하지 않았다. 점점 올라가 30여 리에 이르면 바로 절정이어서, 많은 산이 눈 밑에 첩첩으로 솟아 있으매 비로소 그 높은 것을 깨달았다. 산은 뾰족하게 험준하지 않고 편편한 고원이 멀리 이어졌는데, 산 가득히 대나무요, 백일홍·팽목(彭木)·소나무가 간간이 섞였다. 고개를 넘어 겨우 한 마장쯤 내려가면 사방이 산으로 둘러져서 딴 지역을 이루고, 그 가운데 호수가 있어 이름을 하코네 호라 하는데, 주위가 몇 십 리나 되는 참으로 한 기관(奇觀)인 곳이다.

강홍중은 하코네 호를 '그림 속의 풍경'이라 했고, 임광은 '기관 奇觀'이라 했다. 양자 모두 대상의 아름다움을 크게 단순화하여 찬 탄한 셈이다. '그림 속의 풍경'이나 '기관'은 무궁한 내포를 지니고 있는 일종의 평어評語라 할 수 있다. 사실 이 두 말의 의미를 제대로 구체화하기 위해서는 많은 말이 필요하다. 그러나 그들은 단 한 마 디의 말로 많은 생각을 덮어버리고자 했다. 대상이 지닌 아름다움 을 나타내는 데 이 두 마디 말보다 더 효과적인 표현은 없으리라 믿 은 그들의 미적 인식은 매우 경제적이고 정확하면서도 투철했다.

그들의 글은 대상의 구체적인 면모를 건조하게 그려낸 것이 아니 라, 오직 대상의 예각을 정확히 포착하여 아름다움을 충실하게 드 러내고자 한 것이다. 그런 점에서 하코네는 사행에 참여한 조선조 지식인이 일본 자연의 녹록지 않음을 발견한 대표적 구간이기도 했 다. 그런 아름다운 경치를 보면서 일본에 대한 편견이 꽤나 무뎌졌 을 것은 당연한 일이다.

이와 관련하여 1719년 통신사의 제술관으로 사행에 나섰던 신유 한이 『해유록』을 통해 표현은 같으나 해석의 면에서 약간 다른 면 모를 보여준 점은 당시 조선의 지식인을 사로잡고 있던 일본 인식 의 또 다른 단면을 보여준다. 신유한은 하코네 고개에 오르면서 함 께 가던 아메노모리 호슈의 "이 고개가 몹시도 험하니 말을 타면 내 가 다칠까 염려되고 남여를 타면 사람들이 골병들까 염려되어 차라 리 내가 수고로운 것만 못합니다"라는 말을 빌어 그 고갯길의 험준함을 그려내는 재치를 보여주었다. 이처럼 신유한은 이곳을 보고 매우 유려한 글을 남겼던 것이다.

이 글을 자세히 분석하면, 후지 산과 하코네 산의 외면과 내면을 함께 거론하고 그것을 한·중·일 선비의 의식과 관련시키고 있음을 알 수 있다. 여기에서 신유한은 하코네 호에 비친 하코네 고개와 초목의 아름다운 모습, 아스라한 고기잡이배, 물에 비친 후지 산의 봉우리 등을 시적으로 표현했다. 그런데 기록자는 누군가의 말을 빌어 동정호의 기이함에 비견할 만한 그 절경을 '왜놈들'에게만 허락한 조물주를 원망하고 있다. 그러나 사실 이 말은 다른 누구의 말이라기보다 신유한 자신의 생각이었을 것이다. 하코네 고개와 하코네 호가 일본 땅에 있다는 사실이 너무나 안타깝다고 본 것은 일본인을 멸시하는 내면 의식이 발로된 것으로 볼 수 있다.

이러한 점은 자신의 말로 표현한 그 뒤의 내용으로 입증된다. 즉, 일본 사람들은 후지 산, 아쓰타 산, 구마노 산을 삼신산이라 하지만 자신은 달리 생각한다는 것이다. 산들의 모양을 보면 후지 산은 원교요, 하코네 산은 방호라 했다. 그런데 중화의 범주 안에 있는 선비들은 그 산을 목격할 기회가 없고, 일본 사람들은 보면서도 그 이름을 알지 못하니 '그 때와 주인을 만나지 못한 점'은 모두 마찬가지라는 뜻이다. 하지만 볼 기회가 주어지지 않은 중화의 높은 선비보다 '보면서도 깨닫지 못하는' 일본인을 더 우습게 표현한 것은 사실이다.

여기서 '왜', 즉 일본은 오랑캐요, 중화는 소중화인 조선을 포함하여 중국의 왕조를 두루 가리키는 개념일 것이니, 신유한은 이 글에서 은연중 소중화의식을 노출시켜 일본을 얕보고 있는 셈이다. 그러나 그런 소중화의식 역시 사람 사는 모습이야 어디나 마찬가지라는 점 때문에 무디어지게 되었는데, 이는 신유한만 그런 것은 아니었을 것이다.

하코네 호의 아름다움이나 하코네 고개의 험준함은 그곳을 지나던 사행 누구나 실감한 점이었고, 산문이든 시이든 그것을 절절하게 그려내고자 하는 의욕을 갖고 있었을 것이다. 그러나 대부분의 통신사들이 아름다운 자연을 자연으로 볼 수 없었던 것은 단순히 자연을 감상하고 지날 만한 행차가 아니었기 때문이다.

1643년 통신사행의 부사로 참여했던 조경趙絅은 『동사록』에서 이 구간에 관한 몇 편의 시를 남긴 바 있는데, 「상근호」와 「상근령」, 「거듭 상근령을 지나며」는 그 대표적인 작품이다.

상근호

상근산 가운데가 꺾여 호수를 이루었으니	箱根中折作平湖
십 리나 되는 맑은 물, 넓은 언덕 둘렀구나	十里泓澄闊岸紆
거꾸로 선 부상의 그림자, 끊어진 돌을 봉했고	倒影扶桑封斷石
은하수 근원 나눠 넓은 저수지를 만들었구나	分源河漢建洪樞
노는 사람들 감히 예서 고기 새우 잡지 못하고	遊人不敢魚蝦掇
슬그머니 짐승들도 집을 지어 오지 못했네	陰獸由來窟宅殊
어찌하면 요리로 하여금 척검을 던지게 하여	安得要離提尺劍
잠깐 사이 푸른 물결을 피로 물들게 할꼬?	碧波爲血在須臾

상근령

반사에서 일찍이 대두통 고개를 보았더니	班史曾看大頭痛
어찌 알았으랴 이제 물리도록 지나온 것을	豈知今者飽經過
구름이 말굽에 이니 하늘이 지척인 듯	雲生馬足去天近
돌이 사람의 옷을 씹어 해어진 길이 울툭불툭	石齧人衣穿逕頗
처음으로 험난을 겪어보려 일본 땅에 건너와	始數險艱來日域
심담이 자재한가 거친 물결로 시험했네만	自如心膽試鯨波
가련할손 늙은 몸이 워낙 병이 많은데	秪憐老體元多病
하물며 이 만연과 장우를 어이할꼬?	況此蠻煙瘴雨何

거듭 상근령을 지나며

올 때는 상근에 비가 오더니	來時箱根雨
갈 때엔 상근에 날이 개었네	去時箱根晴
올 때는 한여름이 덥더니	來時朱夏熱
갈 때엔 가을이 서늘하네	去時素秋清
묻노니, 누역·삿갓 쓴 것이	借問帶簑笠
맨몸으로 감과 어떠하냐?	何如乾淨行
묻노니, 무더운 장독이	借問炎瘴毒
해맑은 하늘과 어떠하냐?	何如天宇晶
하물며 나 예순 살 늙은이가	況我六十翁
죽지 않고 돌아가는 길 밟는도다	不死踏歸程

복명을 기약할 수 있겠고	復命可指期
어버이도 아울러 뵈올 수 있겠네	寧親亦可幷
어젯밤에 북당을 꿈꾸니	昨宵夢北堂
원추리가 예전대로 우거져 있네	萱草依舊榮
험난함을 조금만 참아낸다면	險難宜少忍
창해에 물결도 잔잔해지리	滄海浪亦平
쏜살같이 배가 가니	雲帆疾如箭
부산포가 벌써 눈 속에 환해지네	釜浦眼中明

조경은 「상근호」에서 하코네의 경치를 단순히 '좋다'고만 할 수 없었던 자신의 심사를 강하게 노출시켰다. 하코네는 "상근령 가운데가 꺾여" 만들어지고, "십 리나 되는 맑은 물이" 넓은 언덕을 두른 엄청난 광경이었다. 흡사 "거꾸로 선 부상의 그림자, 끊어진 돌을 봉했고", "은하수 근원 나눠 넓은 저수지를 만"든 것은 사실이지만, 노는 사람들은 그곳에서 감히 고기를 잡을 수 없고 짐승들마저 예로부터 이곳에 집을 짓지 않는다고 했다. 결말 부분에서 그는 "어찌 하면 요리로 하여금 척검을 던지게 하여/잠깐 사이 푸른 물결을 피로 물들게 할꼬?"라며 한탄하고 있다.

'요리要離의 척검'이란 무엇일까. 춘추시대 오나라의 자객이 바로 요리다. 『오월춘추吳越春秋』에 따르면, 요리는 경기慶忌를 죽이라는 오왕吳王 합려闔廬의 명을 받고 일부러 오른손이 잘리고 처자가 처단되는 형벌을 자청한 뒤 경기에게 접근했으나 죽이는 데에 실패하고 말았다. 경기가 그를 의롭게 여겨 오나라로 돌려보냈으나 그는 오는 도중 자결했다.

　강홍중이 이미 기록했지만, 상근호를 중심으로 한 사가미슈相模州 지역은 우리에게 쓰디쓴 역사적 상처가 남아 있는 곳이다. 오다와라는 옛날 호조北條 씨가 머물러 있던 곳인데 병력의 강성함과 지형의 험고함을 믿고 도요토미 히데요시에게 신복臣服하지 않았으나, 경인년 무렵 통신사 황윤길黃允吉이 일본으로 들어왔을 때 히데요시가 친히 군사를 거느리고 수륙으로 아울러 나아가 싸워 항복을 받아냈다. 이후 히데요시는 도쿠가와 이에야스에게 동령東嶺을 총섭摠攝하게 했고, 이어서 일본을 통합하여 드디어 임진년 조선에 침입할 꾀를 이루었다. 말하자면 조경은 아름다운 하코네 호를 보면서 스스로 오나라의 자객인 요리가 될 수 없을까를 상상하고 있었던 것이다. 원수를 갚기 위해 자신과 가족을 버린 요리를 떠올린 것은 당시가 임진왜란이나 병자호란에서 그리 멀지 않은 시기였음을 감안한다면 자연스러운 반응이었다고 할 수 있다.

　「상근령」의 내용이나 주제도 마찬가지다. 지은이는 반고班固의 『한서漢書』에서 본 '대두통 고개'를 이곳 하코네 고개에서 물리도록 체험했노라고 말한다. 말하자면 '피산의 남쪽부터…… 다시 대두통, 소두통의 산, 적토赤土, 신열身熱의 언덕을 거친다. 사람으로 하여금 몸에 열기가 올라 기색이 없게 하고, 두통과 구토를 하게 하며 나귀나 가축들도 마찬가지'라는 '고산高山반응'이 바로 그것이다. 조경은 이곳에서 경관의 아름다움에 취하는 대신 대두통과 적개심에 고통받는 자신을 발견했다. '구름이 말굽에서 생겨날 정도로 높은 곳', '돌덩어리가 사람의 옷을 해지게 할 정도로 험한 길'이라는 등의 표현을 볼 때 그에게 그곳은 아름다움과는 거리가 먼 곳이었다. 그래서 그는 "험난을 겪어보려 일본 땅에 건너 와/심담이 자재한가 거친 물결로 시험했네만/가련할손 늙은 몸이 워낙 병이 많은데/하물며 이 만연과 장우를 어이할꼬?"라며 자탄했다. 일본 땅에서 일본에 당한 고통을 정신적으로나마 이겨보려고 했으나 몸이 이미 늙었으니 어찌 해볼 수 없노라는 탄식을 내뱉은 것이다.

'장우만연瘴雨蠻煙'이란 장기瘴氣를 품은 중국 남방 만지蠻地의 비와 연기를 말한다. 장기란 열병의 근원이 되는 나쁜 기운으로, 주로 산림지역에서 생긴다. 말하자면 조경은 남들이 모두 놀라고 탄복해 마지않는 최고의 경관 속에서 만연장우의 고통을 겪고 있다는 것이다. 이 말 속에는 두 가지의 뜻이 담겨 있다. 하나는 일본이 오랑캐라는 점, 또 하나는 이들의 산천이 아무리 빼어나도 이곳이 일본인 이상 그것은 열병을 야기하는 장기의 근원 이상은 될 수 없다는 생각이다. 일본에 대한 적개심의 서정적 승화라고나 할까.

「거듭 상근령을 지나며」에서는 "올 때는 상근에 비가 오더니/갈 때엔 상근에 날이 개었네/올 때는 한여름이 덥더니/갈 때엔 가을이 서늘하네"라고 읊은 것처럼 이런 상념을 정돈하고 순화시켜 새로운 서정의 세계를 보여준다. 오던 길은 일본에 대한 적개심과 멸시로 가득 차 있던 때였다. 그 험한 하코네 고개를 넘으며 '오나라의 요리처럼' 원수를 어찌해볼 수 없는 무력감에 몸을 떨었다. 그러나 사명을 완수하고 돌아가는 날이 되자 하코네에는 날이 개었다고 했다. 더구나 계절도 올 때는 무더운 한여름이었으나, 돌아갈 때는 서늘한 가을이라 했다. 이 말 속에는 사명을 완수했다는 홀가분함과 적지인 일본을 떠나 고향에 돌아가는 즐거움이 뒤섞여 있다. 그래서 그는 "누역·삿갓 쓴 것이/맨몸으로 감과 어떠하냐?", "무더운 장독이/해맑은 하늘과 어떠하냐?"라고 누군가에게 묻고 있는 것이다. 여기서 '누역·삿갓'은 그리 유쾌할 것 없는 일본 정부에 대한 사명使命을 말하고, '맨몸'은 그런 사명을 훌훌 벗어버린 홀가분함을 말한다. '무더운 장독'은 열병의 근원인 음침한 기운을 의미하면서 일본의 통치자를 만나야 하는 마음의 짐을 말하고 있는 것이고, '해맑은 하늘'은 그런 것들을 모두 벗어버린 채 고향으로 돌아가는 가벼운 마음을 말한다.

그런 다음 조경은 "예순 살 늙은이가/죽지 않고 돌아가는 길 밟는도다/복명을 기약할 수 있겠고/어버이도 아울러 뵈올 수 있겠네"라고 신바람에 겨운 자신의 마음을 드러냈다. 말하자면 죽음을 무릅쓰고 사명 수행을 위해 찾아온 길에서 죽음을 당하지 않고 또다시 임금에게 충성하고 부모에게 효도할 수 있게 되었음을 노래하고 있는 것이다.

마지막에는 부모가 계시는 고국과 고향을 그리워하며 "어젯밤에 북당을 꿈꾸니/원추리가 예전대로 우거져 있네/험난함을 조금만 참아낸다면/창해에 물결도 잔잔해지리/쏜살같이 배가 가니/부산포가 벌써 눈 속에 환해지네"라고 읊었다. 이 시의 앞부분에서는 '가을이 서늘하네'라고 했으나 이 부분에서는 '원추리가 우거졌다'라고 했다. '원추리가 우거졌다'는 것이 망우초忘憂草 고사故事(남의 어머니를 훤당萱堂이라 높여 부르는 것은 부모, 특히 어머니가 거처하는 뒤뜰에 원추리를 많이 심기 때문이라 한다. 그래서 고향에 계신 어버이를 망우초로 은유하기도 한다)의 인용임을 감안해도, 이처럼 계절의 지표가 어긋나는 것은 부자연스럽다. 따라서 이 시에 사용된 계절 표현은 일본과 고국에 대한 심상의 표출일 뿐 자연의 그것들이 아님은 분명하다.

이 외에 남용익의 『부상록』과 『문견별록聞見別錄』, 홍우재洪禹載의 『동사록東槎錄』, 김지남金指南의 『동사일록東槎日錄』, 임수간任守幹의 『동사일기東槎日記』, 조명채의 『봉사일본시문견록』 등에도 하코네 호나 하코네 고개에 대한 기사가 빠짐없이 등장하나 주로 그 뛰어난 경치에 대한 묘사와 호감이 주를 이루고 있으며, 그에 내재한 의미를 탐색하는 것은 이루어지지 않고 있다. 말하자면 견문에 대한 기록이라는 기록자의 일반적인 경향을 크게 벗어나지 않는 모습을 보여주고 있다. 그들은 새롭고 기이한 것을 보고 그것의 구체적인 모습을 기록하는 데 주력했을 뿐 그것이 지니고 있는 내면적 의미의 추출까지는 이르지 못했음을 알 수 있다.

4. 하코네를 떠나며

조선통신사와 관련하여 하코네가 품고 있는 역사적·인문지리적 의미를 느껴보기에 1박 2일은 턱없이 짧았다. 일본 내의 어느 노정이나 마찬가지지만, 조선통신사의 자취를 소중히 간직하고 있는 그들을 보며 부러움과 부끄러움이 함께 밀려드는 이유를 하코네에 와서도 어렴풋이나마 알게 되었다.

에도 최후의 방어선으로 천험의 요새이자 후지 산에서도 가까운 명승지 하코네. 온천과 호수로 둘러싸인 자연 조건과 함께 오랜 세월 형성된 유서 깊은 역사 도시가 바로 이곳이다. 그런 만큼 하코네와 그 주변의 경관은 통신사 노정 가운데 가장 정채精彩로운 구간이기도 했다. 뛰어난 온천지역이자 관광명소로서의 명성이나 유서 깊은 역사성은 오늘날까지 이어지고 있다. 특히 이 지역은 에도의 관문이기 때문에 경비가 삼엄했는데, 그것이 천험의 요새라는 지형적 특징과 결부되면서 조선통신사들에게 특이한 인상을 준 듯하다.

일찍이 도요토미 히데요시는 이곳과 인접한 오다와라의 호조 씨를 정벌하여 일본 통합의 기틀을 다졌으며 결국 임진왜란의 흉모를 이곳에서 이루었기 때문에 이곳을 지나던 조선통신사들의 심사는 매우 복합적이었으리라 본다. 그러나 몇몇을 제외한 대부분의 통신사들은 길고 험한 노정에 지쳐 있었는지 이곳의 뛰어난 경치와 험한 지세를 보고 오히려 영탄과 호감 등을 표출하는 서정적 공간으로 인식하는 데 그치고 있었다. 그런 점에서는 그들의 행적을 추체험追體驗하겠노라 나선 우리도 마찬가지였다.

하지만 소수의 몇몇 기록은 하코네의 경관을 묘사하면서 역사적인 의미나 일본에 대한 적개심을 드러내고 있다. 아름다운 하코네 호를 보면서 스스로 오나라의 자객인 요리가 될 수 없을까를 상상한 조경이 바로 그런 경우다. 원수를 갚기 위해 자신과 가족을 버린 요리처럼 조경 자신도 임진왜란의 원수인 일본에 대한 복수를 꿈꾸었을 가능성이 크다.

그러나 대부분의 사행록에서 하코네는 사행에 참여한 지식인들의 정서적 촉수만을 자극하는 요인으로 그려지고 있다. 좋은 풍광이 사

행의 긴 여정으로 피곤해진 지식인들의 자의식을 무디게 했을 것이
고, 대부분 문사였던 이들이 그다지 심각한 역사의식을 갖고 있지
않았던 데에도 그 이유가 있었을 것이다.

우리에게 하코네는 여전히 아름다운 곳이었다. 그러나 그 아름다
움의 이면에는 진흙탕에 빠지며 하코네 고개를 넘어다니던 조선통
신사의 쓰라린 한숨이 담겨 있었다. 이 산을 넘어 조선으로 진격하
며 내뿜던 도요토미 히데요시의 살기도 서려 있었다. 긍정적이든 부
정적이든 일본과의 관계를 지속해 나가야 할 우리로서는 앞으로도
그 노정에 남아 있는 역사의 흔적을 더 세밀히 관찰하고 분석해야
할 것으로 보였다.

조선통신사가 일본을 오가던 당시에 이미 인구 100만 명이 복작거릴 정도로 아주 번화한 도시였지만 이런 대도시 사람들에게도 웅장한 음악을 앞세우고 거리를 휘젓고 지나는 통신사 행렬은 보기 드문 구경거리였다. 더구나 빨강, 파랑, 노랑, 검정, 하양의 오방색으로 치장한 통신사 행렬에 일본인의 눈이 휘둥그레지는 것은 어쩌면 당연한 일이었을 것이다.

통신사행의 최종 목적지,
에도 江戶

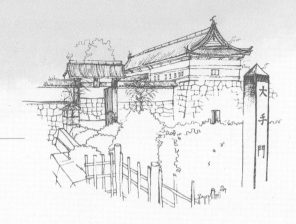

1. 에도에 입성하다

한여름 우리 탐방단이 찾은 일본의 수도 도쿄는 비교적 평온했다. 세계에서 몇 손가락 안에 드는 거대 도시인데도 분위기는 차분해 보였다. 이런 도시의 인상도 요란하지 않은 일본인의 특성을 잘 나타내는 것이라 생각되었다.

통신사행의 최종 목적지 에도(현재의 도쿄)에는 조선통신사의 숙소였던 히가시혼간지東本願寺, 국서전명식을 했던 에도 성 및 통신사와 관련된 여러 유적지가 산재해 있다. 수백 년 전 조선통신사들은 이곳 도쿄를 향해 몇 달 동안 순전히 걸어서 왔을 것이다. 그것도 온갖 위험을 무릅쓴 이역만리 고단한 길이었으리라. 통신사가 산 넘고 물 건너서 몇 달씩 걸려 오던 먼 길은 이제 문명의 이기利器로 불과 2시간여 만에 가뿐하게 날아올 수 있다. 오히려 지금은 비행시간보다 입국 수속에 걸리는 시간이 더 지루하게 느껴질 정도이다.

현재 도쿄는 인구 1,200만 명 정도의 세계적 대도시로 아시아의 정치·경제·문화 중심지 역할을 톡톡히 담당하고 있다. 하지만 이곳은 에도 시대의 정치적 중심지였으며 메이지유신 이후 교토의 동쪽 서울이라는 의미에서 도쿄가 되었다. 조선통신사가 일본을 오가던 당시에 이미 인구 100만 명이 복작거릴 정도로 아주 번화한 도시였지만 이런 대도시 사람들에게도 웅장한 음악을 앞세우고 거리를 휘젓고 지나는 통신사 행렬은 보기 드문 구경거리였다. 더구나 빨강, 파랑, 노랑, 검정, 하양의 오방색으로 치장한 통신사 행렬에 일본인의 눈이 휘둥그레지는 것은 어쩌면 당연한 일이었을 것이다.

당시 에도 막부는 조선과 류큐, 네덜란드, 중국 외에 별다른 교류를 하지 않는 쇄국정책을 고수하고 있었다. 때문에 풍악을 울리면서 중심지인 니혼바시日本橋를 지나는 통신사 행렬은 에도 인에게 일생일대의 경사이자 대축제로 환영받았다. 이는 통신사행이 단지 이국적인 것에만 머물지 않고 사행 도중 곳곳에서 시문창수詩文唱酬를 하며 보다 앞선 문화를 가진 그 어떤 것이라고 소문이 나 있었기 때문에 가능했을 것이다. 이는 현재 일본에 불고 있는 이른바 '한류'의 원조로도 볼 수 있다.

조선 후기 12차례에 걸쳐 일본을 오갔던 통신사행 가운데 이곳 에도 성에 입성한 것은 10회나 된다. 또한 체류 기간도 거의 한 달 전후여서 오랜 기간 머무른 편이었다. 이 때문에 현재 도쿄 시내 곳곳에 남아 있는 통신사의 문화 교류 발자취는 상당하다.

부산을 떠난 통신사는 일본 땅을 밟은 후 육로를 이용하여 에도로 들어오게 된다. 이때 에도 입성 길목인 현재의 시나가와에 있는 도카이지東海寺가 이들의 숙소였다. 당시 도카이지는 가람의 넓이가 약 155,000㎡(약 47,000평)에 달하고, 부속 암자도 17개나 거느린 에도의 대표적 대사원이었다. 그러나 메이지 이후 광대했던 가람 안에 유리공장 및 구 시나가와 시 청사와 조난城南 중학교 등이 잇따라 건립되는 등의 도시 개발로 인해 크게 축소되어 버렸다. 그래서 현재의 도카이지에는 한때 약 400명 전후의 통신사들이 머물렀던 흔적을 찾아볼 수 없다.

의장을 갖춘 통신사 행렬은 아침 일찍 도카이지를 출발하여 에도 시가지로 나아간다. 행렬은 오른쪽으로 바다를 끼고 35리를 걸어 에도의 숙소 히가시혼간지에 당도한다. 이때 웅장한 통신사 행렬을 구경하기 위해 도로변에 운집한 사람의 모습이 일대 장관을 이루었다. 이에 대해 1711년 제8차 사행 때의 일본 측 기록을 보면 '구름 같은 행렬과 가마 등의 모습에 구경꾼들도 엄청났다' 라고 전하고 있다. 통신사 중 한 명인 신유한도 자신의 사행록인『해유록』에서 에도 시가지를 통과하면서 느낀 감상을 이렇게 적고 있다.

일찍이 밥 먹고 길에 올라 에도로 향하는데, 당상역관 이하가 검은 관대(冠帶)를 하고서 국서를 모셨고, 가마 메는 군관은 군복을 갖추고 무장을 하고 음악을 연주하면서 행하였고, 삼사는 붉은 단령을 입고 뒤에 따랐고, 상통사(上通事)·의관도 또한 붉은 단령을 입고 뒤에 따랐고, 세 명의 서기는 선비 의관을 입었고, 말을 탄 여러 상관·중관·하관들이 차례로 구슬을 꿴 듯 나아갔다. 오른쪽으로는 큰 바다를 곁에 두고 왼쪽으로는 인가를 꼈는데 인가가 길가에 빽빽하여 하나의 긴 띠와 같아서 갈수록 더욱 번성하였다. 십 리쯤 가자 남여를 멘 왜인이 벌써 에도에 당도하였다 하여 바라보매, 큰 성이 바다 머리를 눌렀는데 언덕의 면이 깎아지른 듯하였고 바닷물을 끌어들여 참호를 만들었는데 참호의 웅장하고 견고함과 문루(門樓)의 높이 솟음이 벌써 사람을 놀라게 하였다. 드디어 한 성문으로 들어가 두 큰 판교(板橋)를 건너니 모두 비단 가운데로 행하는 것 같았다. 또 동문으로 나가니 철관금쇄(鐵關金鎖)로 된 중성(重城)·옹성(甕城)이 있었고, 참호에다 다리를 놓았는데 붉은 난간이 번갈아 비추었다. 배는 다리 밑에서 수문을 나가 바다로 통할 수 있었다. 길옆에 있는 장랑(長廊)은 모두 상점이었다. 시(市)에는 정(町)이 있고 정에는 문이 있고 거리는 사면으로 통하여 편편하고 곧기가 활줄과 같았다. 분칠한 다락과 아로새긴 담장은 3층과 2층이 되었고, 서로 연한 지붕은 비단을 짜놓은 것 같았다. 구경하는 남녀가 거리를 메웠는데 수놓은 듯한 집들의 발과 창문을 우러러보매, 여러 사람의 눈이 빽빽하여 한 치의 빈틈도 없고 옷자락에는 꽃이 넘치고 주렴 장막은 해에 빛남이 오사카에서보다 3배는 더하였다.

여기에는 당시 통신사가 에도 시가지, 특히 번화가였던 니혼바시를 지나면서 기록한 것으로, 빽빽하게 들어찬 인가와 상점, 인산인해를 이룬 구경꾼들의 옷차림과 화려함이 오사카보다 3배 이상이라고 표현하고 있다.

시나가와의 도카이지에서 목적지인 히가시혼간지에 이르는 노정을 지도에 나타낸 것이 다음 장의 그림에서 적색 실선이다. 그림 우측 적색 원 부분이 히가시혼간지이고 그림 중앙의 파란색 원 부분이 국서전명식 장소인 에도 성이다. 그리고 파란색 실선은 숙소에서 에도성으로 이르는 노정을 표시하고 있다.

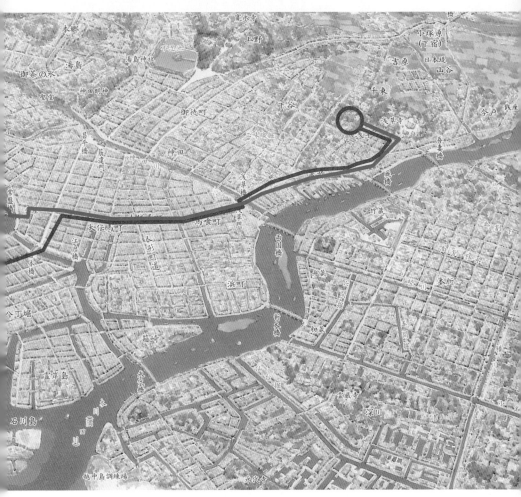

조선통신사의 에도시가지 행로[『江戸切繪図』(人文社, 1999) 참조]

히가시혼간지로 향하는 탐방단

히가시혼간지 경내

2. 사원의 거리 아사쿠사, 히가시혼간지

탐방길에 나서면 아무리 빨리 움직여도 일정에 쫓기기 예사다. 특히 여러 사람이 함께 움직이고 우리 역사와 깊은 관련이 있는 일본이라면 더욱 그런 느낌을 받는다. 아침 식사를 일찍 끝낸 뒤 히가시혼간지, 센소지淺草寺, 에도 성 및 도키와바시常盤橋 지역을 둘러보기로 했다. 먼저 찾아본 히가시혼간지는 에도 시대 이후 몇 차례의 화재와 지진, 전쟁 등으로 모두 소실되어 옛 모습을 찾을 수 없었다. 현재 남아 있는 건물은 1960년에 재건된 높이 27m의 철근 아미타전뿐이다. 그 옛날 넓은 가람 자리는 상가와 집들에 거의 모두 잠식당해 버렸다. 통신사는 이곳에 제8차 사행인 1711년부터 제11차 사행이 있었던 1764년까지 모두 4차례나 보름에서 한 달 정도 머물렀다. 하지만 조선통신사에 대한 관련 기록은 전혀 남아 있지 않아서 아쉬움을 금할 수 없었다.

초기 통신사의 에도 숙소는 바쿠로초馬喰町의 혼세이지本誓寺였다. 이 혼세이지가 화재로 소실되어 후카가와深川로 이전하자 1711년 제8차 통신사행부터 아사쿠사의 히가시혼간지로 바뀌었다. 이는 아사쿠사가 에도 시가지 가운데서 가장 번화한 거리였기 때문으로 생각된다. 히가시혼간지는 당시 새롭게 창건되어 총면적 5,773평에 부속 암자가 16개나 되는 사원으로 상당히 큰 규모였다. 수천 칸에 이르는 건물로 이루어져 통신사들이 모두 함께 이곳에서 머무를 수 있었다. 그리고 통신사를 안내 및 호위하는 쓰시마 번주와 에도 막부의 조선어용 담당 고위 인사들은 히가시혼간지 인근의 센소지를 비

연대		에도 체류		숙관(宿館)	에도의 내빙봉행(來聘奉行)
		기간	인원(명) (괄호 안은 오사카, 교토 체류)		
1607	선조 40 게이초(慶長) 12	5.4~6.14 (40일)	404 (100)	혼세이지	사카이 우타노카미 다다요 도리이사쿄노스케 다다마사
1617	광해군 9 겐나(元和) 3	—	—	—	—
1624	인조 2 간에이(寬永) 1	12.12~12.25 (14일)	346 (114)	혼세이지	아베 비주노카미 마사쓰구 안도 우쿄노신 시게타카
1636	인조 14 간에이(寬永) 13	12.6~12.30 (25일)	불명-총 478	혼세이지	안도 우쿄노신 시게타카 와시사카 아와지노카미 야스모토
1643	인조21 간에이(寬永) 20	7.7~8.6 (30일)	불명-총 477	혼세이지	오카베 미노노카미 노브카쓰 가토 데와노카미 야스오키
1655	효종 6 메이레키(明曆) 1	10.2~11.1 (30일)	375 (100)	혼세이지	오카베 미노노카미 노브카쓰 가토 데와노카미 야스오키
1682	숙종 8 덴나(天和) 2	8.12~9.12 (31일)	360 (113)	혼세이지	나이토 사쿄노스케 요리나가 오가사와라시나노카미나가카쓰
1711	숙종 37 쇼토쿠(正德) 1	10.18~11.19 (32일)	371 (129)	히가시혼간지	사카이슈리다이부 다다오토 사나다 이즈노카미 나가카쓰
1719	숙종 45 교호(享保) 4	9.27~10.15 (18일)	346 (129)	히가시혼간지	마키노 수루가노카미 다다타쓰 나카가와 나이젠노쇼히사타다
1748	영조 24 엔쿄(延享) 5	5.21~6.13 (24일)	366 (109)	히가시혼간지	이토 슈리다이부 스케타카 토자와 카즈사노스케 마사야스
1764	영조 40 호레키(寶曆) 14	2.16~3.11 (25일)	367 (110)	히가시혼간지	가토 도토미노카미 야스타케 모리 노토노카미 구니미쓰
1811	순조 11 분카(文化) 8	—	—	—	—

롯한 37개 사찰에 분산되어 수용되었다.

그리고 지금은 비록 사라지고 말아 그 흔적을 전혀 찾아볼 수 없지만 이 부근에 '조센 나가야朝鮮長屋'라 불리는 건물이 메이지 시기까지 존재했다고 한다. 이는 통신사 일행 가운데 하관 등의 임시 숙소로 센소지 경내에 세웠던 고야小屋의 나무를 재활용하여 만든 집을 말한다. 도쿄 시내에 남아 있는 이런 것들은 당시 조선통신사와의 문화 교류를 알려주는 유적임에 틀림없다.

통신사들의 에도 체재 기간, 즉 히가시혼간지 체재 기간을 살펴보면 왼쪽의 표와 같다. 1617년 제2차 사행과 1811년의 마지막 제12차 사행을 제외하고 총 10회나 에도에 머문 것을 알 수 있다. 이 가운데 체재 기간이 가장 짧은 때는 14일이고, 가장 길 때는 한 달을 넘긴 40여 일에 이른다. 대체로 한 달 정도가 가장 많은 것을 알 수 있다.

3. 센소지와 몬젠나카초

히가시혼간지를 나온 탐방단은 얼마 떨어져 있지 않은 센소지를 향해 걸어갔다. 가는 도중 막부에서 당시 조선 관계 업무를 담당하며 통신사를 수행했던 에도 막부 조선어용관리들의 숙소인 만조지滿照寺와 센조지善照寺를 지났다.

아사쿠사는 흔히 서민의 거리로 불리며 언제나 많은 사람으로 붐비는 곳이다. 아사쿠사의 풍취를 즐기면서 도착한 센소지 입구에는 가미나리몬雷門이라고 쓰인 커다랗고 붉은색 등이 떡 하니 달려 있다. 여기서 센소지 절간 앞까지 이어지는 수많은 선물가게는 일본 정취를 담은 각양각색의 상품으로 지나가는 관광객을 유혹하고 있다. 아직 오전이었지만 선물가게에는 중·고등학교 수학여행단을 비

센소지 경내 앞까지 이어지는 선물가게

센소지 입구 탐방단 단체사진

롯하여 많은 외국인들로 가득 차서 붐볐다. 마치 타임캡슐을 타고 몇 백 년 전의 에도 시대 몬젠나카초門前仲町로 돌아간 듯했다. 여기서 탐방단은 1시간 정도 몬젠나카초와 센소지 경내를 돌아보기로 하고 자유 시간을 가졌다. 경내에는 파란 눈의 서양 관광객뿐 아니라 중국인 단체 관광객이 매우 많이 눈에 띄었다. 최근 아시아의 경제 대국으로 급속하게 부상하고 있는 중국 경제를 단적으로 잘 보여주는 좋은 증거일 것이다.

센소지는 나라 시대 이래 오랜 역사를 가진 고찰로서, 그 초기에는 스미다 강隅田川 연변의 조용한 농어촌 지역에 있는 절에 지나지 않았다. 그러다 1590년 도쿠가와 이에야스의 관동 입성과 더불어 서민의 신앙 중심지가 되었다. 그리고 1630년 에도 막부로부터 내려받은 땅에 몬젠마치門前町가 발달했고, 1657년 이후에 센소지 앞쪽의 유곽 거리인 신요시와라가 이전하여 에도의 대번화가로 자리매김하게 되었다. 당시 센소지가 있는 아사쿠사는 센소지의 삼사三社축제를 비롯한 다양한 축제와 연말 개시 등으로 군중이 인산인해를 이루며 모여들었다고 한다. 오늘날에도 아사쿠사와 센소지는 그 화려함과 활기를 이어오고 있다.

4. 에도 제일의 번화가 요시와라

에도 막부의 명령으로 센소지 뒤쪽淺草寺裏日本堤에 이전된 유곽遊廓은 신요시와라新吉原로 부활한다. 이렇게 되자 아사쿠사는 유곽을 드나드는 유흥객과 인근 사원에 참배를 오는 사람들로 더욱 번성했다. 신요시와라는 보통 요시와라라고 불리며 총면적 2만여 평, 동서 180간, 남북 135간의 직사각형 토지에 3,000명의 유녀를 비롯하여 일상 잡화 및 식품을 파는 상점과 전당포, 목욕탕, 의원, 약국 등을 운영하는 사람들 약 1만 명 정도가 살았다고 한다.

당시 에도에는 하루 천 냥이 넘는 큰돈을 소비한다는 곳이 세 군데 있었다고 한다. 밤의 요시와라 유곽, 낮의 극장가, 새벽의 어시장이 그것이다. 요시와라에 하루 저녁 모이는 돈의 경우, 유녀에게 지불되는 유흥비만도 2,700냥 정도였고, 영업 총비용은 모두 7,200여 냥이나 되었다고 한다. 특히 요시와라는 에도 시대의 유일한 공인 유곽지로서 막부의 보호를 받고 있었던 곳이다. 이곳은 막부에 일종의 세금도 납부해서 유흥비가 비교적 비싼 편이었지만 손님이 끊이지 않았다고 한다. 이곳은 단순한 화류지역이 아니라 일종의 문화지역이었기 때문이다.

18세기 초반까지 요시와라에 북적였던 고객들은 다이묘, 고급 무사나 상류층 상인들이었다. 따라서 그들을 상대하는 유녀들은 단지 몸만 파는 것이 아니라 상당한 수준의 예능을 몸에 지니고 교양도 갖추고 있었다. 그리하여 당시 에도 시대의 유행은 요시와라에서 시작되었다고 할 정도였다. 요시와라에서 개최하는 3월의 밤벚꽃축제를 비롯하여 7월의 등불놀이 및 8월의 축제 등에는 유흥을 목적으로 찾지 않는 일반인까지도 입장시켜서 구경하게 했다고 한다.

조선 국왕의 국서를 에도 막부의 쇼군에게 전달하는 엄숙한 임무를 부여받은 통신사 일행은 감히 요시와라 지역으로 유흥을 가지는

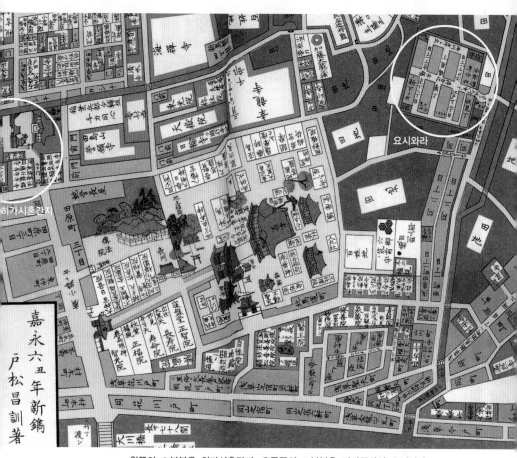

嘉永六丑年新鐫

戸松昌訓著

요시와라

히가시혼간지

왼쪽의 ○부분은 히가시혼간지, 오른쪽의 ○부분은 아사쿠사의 요시와라

요시와라 입구에서 본 중간 길

않았을 것이다. 그렇지만 숙소인 히가시혼간지에서 조금만 걸어가면 접할 수 있는 에도 제일의 번화가의 분위기를 조선통신사들도 어느 정도 느끼지 않았을까 하는 생각이 든다.

5. 에도 성의 정문 오테몬

21세기의 통신사를 자처하는 탐방단은 센소지를 나와 관광버스를 타고 에도 시대 통신사들의 행렬 경로를 따라 옛 에도 성으로 향했다. 옛 에도 성은 메이지 2년인 1869년까지 거의 유폐되어 있다시피 했던 교토의 천황天皇이 옮겨와 쇼군 대신 거주하게 되면서부터 고쿄皇居라고 불렀다. 히가시혼간지에서 에도 성 정문인 오테몬 大手門까지는 걸어서 한 시간 반 정도 걸리는 거리이다. 그러나 지금은 호화스런 관광버스로 약 20분 후면 어김없이 도착한다. 버스 창문을 통해 보이는 도쿄 거리는 비교적 조용하고 질서정연했으며 많은 차량과 사람들이 오가고 있었고, 곳곳에 보이는 고가도로 위를 전차들이 분주하게 움직이고 있었다.

밝기 전에 망궐례를 행하였다. …… 밥 먹은 뒤에 국서용정(國書龍亭)을 받들고 삼사는 금관·옥패와 조복을 갖추고 홀(笏)을 잡고 우리나라 가마를 타고 나오며, 당상역관 세 사람과 상통사는 흑단령을 입고 현교(懸轎)를 타고, 서기와 의관도 또한 모두 흑단령에 사모를 쓰고 군관은 우립(羽笠)·금포(錦袍)에 칼을 차서 무관 정장을 갖추고 아울러 금안(金鞍) 준마를 타고서 기(旗)·절월(節鉞)을 세워들고 양부고취(兩部鼓吹) 관현 음악을 울리면서 떼를 지어 잇달아 나아갔다.

제1성문에 들어가니 구경하는 남녀가 누에머리처럼 빽빽이 들어찼는데 모두 비단 옷을 입었다. 제2성문에 들어가니 높고 빛나는 훌륭한 대저택들로 가득 차 있는데 긴 행낭으로 둘렀고 벽에 흰 칠을 하였으며 문앞에는 각각 창고와 우기(羽旗)가 있어 궁궐과 흡사하며, 분벽(粉壁)과 층층의 난간에는 붉은 유소(流蘇: 깃발이나 수레 등에 다는 오색실로 된 술)를 쌍으로 드리웠고, 구슬주렴·비단장막 사이에서 엿보는 사람들은 찬란하기가 1천 수풀에 꽃이 핀 것 같았으니, 이것은 모두 집정과 태수 또는 여러 귀인의 집이었다. 제3성문에 이르자 이것이 궁성이었는데, 담만 있지 참호도 없고 포대도 설치하지 않아 모양새가 빛났고 아름다움이 우

사쿠라 국립역사민속박물관 소장 〈강호도병풍〉

리나라의 궁장과 같았으며 또한 심히 높고 컸다. 군관 이하는 궁성문 밖
에서 말에서 내려 무관 정장과 칼과 패를 풀고 걸어서 들어갔으며 깃발
과 고취는 모두 남겨두었다.

신유한이 『해유록』에서 표현하고 있는 제3성문이 바로 에도 성의
정문인 오테몬이다. 에도 시대 다이묘가 에도 성에 출근할 때는 오
테몬 우치사쿠라다몬內櫻田門, 니시노마루 오테몬西の丸大手門 앞에 설
치된 하마下馬라고 쓰인 표지판에 부하들을 대기시키고 하승교下乘橋
앞에서 가마에서 내려 혼마루 현관을 통해 자신의 대기 장소로 걸
어 들어갔다.

에도 성

당시 오테몬 앞에 도착하여 에도 성으로 입성하고 있는 삼사를 비롯한 통신사 일행을 그린 유명한 〈강호도병풍江戸圖屏風〉이라는 우키요에 속에는 에도 성 내 혼마루 및 성문, 에도 성 밖 다이묘의 대저택 모습이 전반적으로 자세히 잘 묘사되어 있다. 그러나 에도 성 밖 다이묘 저택이 있던 장소는 현재 일부가 매립되고 변해서 많은 오피스텔과 호텔을 비롯한 건물이 숲을 이루고 있다. 도쿄의 으뜸가는 고급 사무실 거리로 바뀐 이곳에서 그 옛날의 자취를 찾는다는 것은 거의 불가능했다.

국서전명식이 행해졌던 옛 에도 성의 중심지 혼마루本丸는 1859년의 화재로 소실되고 이어 에도 막부가 멸망하여 끝내 복원되지 못했다. 그리고 지금은 고쿄의 부속 정원으로 공개되고 있다. 옛날 에도 성의 그 장중했던 모습을 찾아볼 수 없어서 약간 실망했지만, 옛 지도를 참조하여 에도 성 혼마루 내에서 행해졌던 국서전명식의 전례를 흉내내보는 것으로 만족해야 했다.

6. 혼마루 유적지를 돌아보다

에도 성의 정문인 오테몬에 도착한 통신사는 산노고몬三の御門, 나카노몬中之門, 주자쿠몬中雀門의 총 네 개의 문을 거쳐 혼마루 현관으로 들어간다. 통신사 일행은 오테몬 앞에서 잠시 에도 성 입성 준비를 갖추고, 하관은 이곳 오테몬 대기소에서 머물게 된다.

이어서 상상관 3명은 오테몬 하승교에서 가마에서 내리고, 삼사 일행은 산노고몬을 거쳐 안으로 들어간 후 백인번소百人番所 앞에서 가마에서 내려 걸어서 들어간다. 이때부터 국서 가마 및 삼사 일행은 쓰시마 번주와 장로 2명, 에도 막부 조선어용을 포함한 관리 8명 등의 안내를 받으며 나카노몬을 향하게 된다. 나카노몬에 도착하면 통신사 일행 중 중관들은 나카노몬 밖에 대기하고 나머지가 주자쿠몬으로 향하게 된다. 한편, 국서가 주자쿠몬을 들어서면 국서를 가마에서 꺼내 상상관이 받쳐 들고 국서 가마 및 호송하던 쓰시마 번 무사들은 주자쿠몬 안쪽에 머물게 된다. 그리하여 삼사 일행이 주자쿠몬에 들어서면 사사봉행寺社奉行 등이 대기하고 있다가 안내를 한다. 국서는 혼마루 현관 계단을 올라가 혼마루 내 쓰기노마次の間

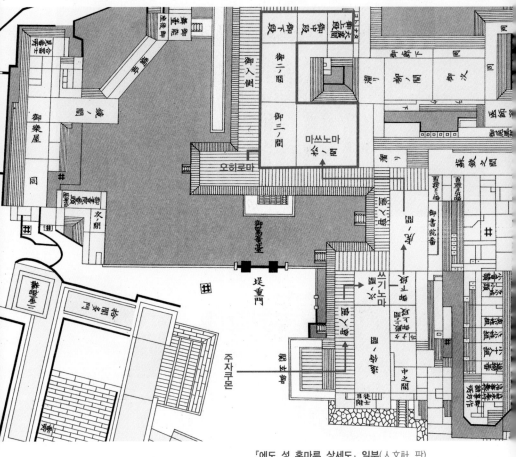

「에도 성 혼마루 상세도」 일부(人文社 판)

오테몬

나카노몬

라는 방에 잠깐 모셔진다. 이후 막부 쇼군이 오히로마大広間로 출두하면 모든 다이묘 앞에서 국서전명식이 시작된다.

이에 우리는 혼마루로 입장하는 주자쿠몬 앞에서 에도 시대에 만들어진 「에도 성 혼마루 상세도」를 펼쳐들고 지금은 불에 타 사라져버리고 없는 그 옛날 혼마루 내의 국서전명식 거행 상황을 재현해보았다.

7. 거리를 메운 에도 민중의 환호

통신사가 에도 시가지를 지나갈 때 번화한 거리에는 넘쳐나는 남녀 구경꾼으로 발 디딜 틈이 없었다. 그만큼 당시 통신사 행렬은 에도 민중의 지대한 관심과 선망어린 시선을 끌 수 있었다. 신유한의

현재 니혼바시의 미쓰코시 백화점

『해유록』속에서도 당시 도쿄의 번성과 민중의 환호가 오사카보다 몇 배나 더했다고 강조하고 있음을 알 수 있다.

> 구경하는 남녀가 거리를 메웠는데 수놓은 듯한 집들의 발과 창문을 우러러보매, 여러 사람의 눈이 빽빽하여 한 치의 빈틈도 없고 옷자락에는 꽃이 넘치고 주렴장막은 해에 빛남이 오사카에서보다 3배는 더하였다.

이러한 에도 민중의 관심과 환호를 여실히 나타내고 있는 것이 〈조선인래조도朝鮮人來朝圖〉이다. 이 그림은 최근 통신사 행렬 그 자체에 대한 묘사가 아니라 에도의 대표적 축제로 손꼽히는 산노마쓰

하네가와 도에이(羽川藤永)의 〈조선인래조도〉

리山王祭り 모습이라는 견해도 강하게 대두되고 있다. 그러나 통신사에 대한 에도 민중의 뜨거운 관심과 환호는 부정할 수 없을 것이다.

에도 성의 국서전명식을 마치고 숙소 히가시혼간지로 돌아가는 통신사 행렬이 당시 고급 옷가게를 비롯한 대형 상점이 즐비한 혼마치의 미쓰이 상점(미쓰코시 백화점의 전신)을 돌아 나오는 장면을 묘사하고 있는 이 그림에서 우리는 여러 가지 사실을 읽을 수 있다. 모래와 물을 뿌려 깨끗하게 청소가 잘된 거리, 그림 좌측 하단 상점의 모퉁이에 자리 잡은 물통 및 호위 무사와 강아지, 그리고 상점 안과 바깥에 붉은 색 천의 띠를 둘러 별도로 준비된 곳에 있는 관람객과 그림 하단의 서서 구경하는 사람까지 혼마치는 실로 인산인해를 이

〈간다묘진제례도〉

루고 있다. 일생에 한 번 있을까 말까 하는 절호의 기회를 놓치지
않으려고 모여든 군중의 호기심 어린 표정이 조용하고 예절 바른 분
위기 속에서도 뜨겁게 느껴진다. 각 상점의 이층 창문으로 비치는
사람 그림자 등은 실로 정적 속의 환호라고 말할 수 있지 않을까.
왜냐하면 에도 막부는 통신사를 맞이하기 위해 보통 2년 내지 3년
정도 기간을 가지고 만반의 준비를 하며, 또한 통신사가 방문하는
해에는 여러 차례에 걸쳐 에도 시가지 및 가옥의 환경 정비와 청소,
행렬 구경 시의 예의범절 등에 대한 주의 사항이 담긴 법령을 내렸
기 때문이다.

　아카사카의 도큐東急호텔과 히비야日比谷 고등학교 뒤쪽에 위치한
히에 신사日枝神社의 산노마쓰리 행렬 속에 통신사 행렬이 포함되어
있다. 이 산노마쓰리는 간다묘진마쓰리神田明神祭り, 네즈마쓰리根津祭
와 더불어 에도의 3대 마쓰리로 꼽혔다. 특히 산노마쓰리와 간다묘
진마쓰리에는 가마의 입성이 허락되었으며, 에도 막부의 쇼군이 직

접 맞이할 정도로 대규모 축제였다. 이러한 대규모 축제 속에 편성된 통신사 문화는 실로 에도 인과 서민의 의식 속에 매우 강렬한 인상을 남겼다고 말하지 않을 수 없다. 〈간다묘진제례도神田明神祭禮圖〉에서 볼 수 있는 것처럼 에도 인을 코에 걸고 자랑하는 에도 시민이 통신사 복장을 입고 악기를 불며 즐거운 듯이 춤을 추며 행렬하여 나아가는 모습이야말로 에도 서민의 문화와 관습 속에 스며든 조선 문화의 영향을 여실히 나타내고 있다고 말할 수 있다.

이와 같이 에도는 물론이고 일본의 전국 민중에 이르기까지 큰 환호를 받았던 통신사 열풍은 그 후 각 지역의 마쓰리 문화 속으로 스며들어가 오늘날까지도 영향을 미치고 있다. 성신외교를 바탕으로 한 통신사 교류는 국가뿐 아니라 시민까지도 포함한 대규모 사회문화적 교류행사로 에도 시대 270여 년 동안 한일 양국 평화의 초석이었다고 말할 수 있지 않을까.

에도 막부 멸망 이후, 메이지유신과 더불어 전개되었던 일본의 근대 국민국가 수립은 한일 양국 간에 불행한 관계를 초래하고 말았으나 그 역사적 고난 시대를 뛰어넘어 이제 우리들 탐방단은 '21세기 통신사 문화교류'를 통하여 옛날 한일 양국 간에 펼쳐졌던 친선 우호의 시간을 찾아가고자 한다. 일본 전역에 잠재되어 있는 조선 시대 통신사 교류의 발자취를 찾아가 소생시키기만 하면 되기 때문이다.

일찍이 "21세기는 아시아의 시대"라고 예언했던 토인비의 지적을 떠올리며 이른바 동북아 시대의 주축으로서 한일 양국의 친선교류는 대단히 중요한 의미를 지니지 않을 수 없다.

조선통신사가 찾은 닛코는 지금도 천하제일의 절경을 자랑하는 곳이다. 닛코를 보지 않고 일본을 봤다고 말하지 말라는 이야기는 지금도 전해져오고 있다. 그만큼 닛코는 산이 아름답고 물이 맑으며 온천 수질 또한 일품이어서 400년 전에도 관광객이 운집했던 절경의 땅이다.

닛코 日光
방문의 또 다른 뜻은

1. 왜 닛코로 갔을까?

　한양을 떠난 조선통신사의 최종 도착지는 에도였다. 거기서 막부 쇼군에게 국서를 전달하면 일본을 방문한 조선통신사의 임무는 끝난다. 사나운 파도를 헤치고 험한 산을 돌아 낯선 땅을 방문하고 오는 데만 때로는 열 달이 넘었으니 얼마나 힘들고 지루했겠는가. 어디 그뿐인가. 어떤 때는 일행 중 병사자가 생기고, 또 어떤 때는 사고사도 있었다. 일본인에 의한 살인사건까지 있었으니 임무가 끝나면 어찌 한시 바삐 고국으로 돌아가고 싶지 않았겠는가.

　귀로의 먼 길에 오르기 전 그들은 숙소인 히가시혼간지와 그 주변에서 잠시 휴식을 취했다. 먼 길을 되돌아가기 위해 긴장을 풀고 체력도 조절하기 위해서였다고 할까. 이렇게 에도 막부의 주선으로 일정한 휴식을 끝낸 뒤 그들은 다시 방향을 서쪽으로 틀었다. 임무를 완수했다는 홀가분한 마음과 함께 왔던 길을 되돌아 오사카로 가기 위해서였다. 거기에는 타고 왔던 배가 그들 일행을 싣고 조선으로 돌아가기 위해 기다리고 있었다.

그런데 제4차 사행 때인 1636년과 제5차 사행 때인 1643년, 그리고 제6차인 1655년은 막부 쇼군에게 국서를 전달한 뒤에도 즉각 조선으로 되돌아가지 못했다. 닛코를 방문해달라는 막부의 간곡한 청이 있었기 때문이다. 닛코는 도쿠가와 이에야스를 기리는 신사인 도쇼구가 있는 곳이다.

1636년 정사 임광을 비롯한 조선통신사 일행은 닛코를 방문해달라는 제의를 받았지만 계획에 없던 일이라며 사양했다. 그해 통신사가 일본을 방문한 목적은 두 나라 모두 태평한 것을 축하하기 위해서였기 때문이다. 그러나 사실 그 해는 조선의 정정政情이 상당히 시끄러웠다. 청나라의 위협이 통신사 일행에게 귀국의 발걸음을 재촉했으니 그것이 방문 거절의 진의이기도 했다. 하지만 마상재馬上才(통신사가 말을 타고 보이는 각종 기술)로 일본 국민의 평판을 높이 끌어올린 터여서 그 분위기를 고려해 방문 요청을 끝까지 거절할 수 없었다.

그럼에도 처음에 거절했던 또 하나의 이유는 닛코가 막부 쇼군이 머무는 곳이 아니라는 점이었다. 닛코는 천하를 통일하고 에도 시대를 연 이에야스의 사당이 있는 곳일 뿐이다. 오직 사당을 참배하기 위해서 간다는 것은 명분이 없다고 판단하여 일행은 할 수 없이 닛코 방문 목적을 천하명승지 '유람'으로 한정했다. 이와 같은 방문 목적 설정에 대해 일본은 순순히 동의했다.

조선통신사가 찾은 닛코는 지금도 천하제일의 절경을 자랑하는 곳이다. 닛코를 보지 않고 일본을 봤다고 말하지 말라는 이야기는 지금도 전해져오고 있다. 그만큼 닛코는 산이 아름답고 물이 맑으

닛코 산 관광안내도

며 온천 수질 또한 일품이어서 400년 전에도 관광객이 운집했던 절
경의 땅이다.

조선통신사는 닛코를 방문했지만 '조선통신사 옛길을 따라서' 탐
방단은 처음부터 닛코에서 조선통신사 흔적 찾기를 계획한 것은 아
니었다. 그러나 예비조사과정에서 닛코에 대한 기록과 자료가 만만
치 않은 것을 알고 결국 이곳을 들리기로 했던 것이다.

부산 발 나리타 행 비행기 안에서 닛코가 어떤 곳인지 다시 자료
를 살피기 시작했다. 1636년 김동명金東溟의 『해사록海槎錄』, 1643년
조경의 『동사록』, 1655년 남용익의 『부상록』 등 각종 기록에서 뽑
은 자료, 컴퓨터에서 내려 받은 닛코의 역사, 조신통신사와의 관계,
도쇼구와 이에야스의 손자 도쿠가와 이에미쓰德川家光의 다이유인大
猷院에 대한 설명을 챙겨보았다. 현지를 찾았던 관광객의 여행일지
를 훑어보는 것도 빠뜨리지 않았다. 닛코 안내서는 닛코가 도쿄에

서 열차로 2시간 정도의 거리라고 되어 있어서 그렇게 먼 곳은 아니라는 생각이 들었다.

우리 탐방단은 나리타 공항 일본 입국검사대에서 인천에서 따로 출발한 숭실대 조규익 교수를 만났다. 그는 최근 조선통신사에 관한 책을 펴낸 학자로 이번에 함께 조선통신사 행적을 살펴보고 탐방기를 집필할 분이었다. 인천을 출발한 그는 부산팀의 도착과 거의 같은 시간에 나리타 공항에 도착했기 때문에 공항에서 합류할 수 있었다.

7월 28일, 장마가 아직 끝나지 않았기 때문인지 비행장이 있는 치바 현千葉懸 일대는 영락없는 찜질방이었다. 공항 건물 밖으로 나온 일행은 후끈하게 둘러싸는 더운 공기를 비집고 닛코로 가는 전세 버스를 탔다. 행사 진행에 매우 치밀한 조선통신사문화사업회 송수경 팀장의 참가자 소개를 시작으로, 이소미 홍보담당자의 행사 내용 설명, 언제쯤 끝날지 알 수 없었던 가이드의 체험적 관광론을 차례로 듣다 보니 버스는 이미 공항을 벗어나 도쿄 쪽으로 한참 달리고 있었다.

2. 아직도 더 가야, 닛코 산

닛코는 도치기 현에 위치하고 있다. 버스는 도쿄를 지나 닛코의 도쇼구로 가야 하기 때문에 4시간 정도를 달려야 한다. 여간 먼 곳이 아니다. 관광안내지에 닛코가 도쿄에서 2시간 거리라고 한 것은 특급 열차를 탔을 경우다. 가까운 거리라고 홀가분하게 생각했던 것이 잘못이었음을 금방 알 수 있었다.

도쿄의 고층 건물이 시야에서 차츰 사라지고 시골의 한여름 들판 풍경이 창밖으로 펼쳐진다. 가이드의 높낮이 없는 관광안내 목소리가 자장가처럼 멀어졌다 가까워졌다 한다. 졸다 깨기를 한참 거듭하다 밖을 보니 버스가 도치기 현에 들어서고 있었다. 이제 거의 다 왔다는 소리에 정신을 차려 시계를 보니 오후 5시를 살짝 넘었다.

버스는 가로수가 우거진 곳 옆의 빈터에 섰다. 차창 밖으로 가미이마이치上今市라는 이름의 시골역이 보인다. 조선통신사의 닛코 방문 기록에 등장하기에 그 이름이 낯설지 않다. 이곳에는 일흔 살쯤 되어 보이는 향토 사학자 사토 겐지佐藤堅司 씨가 안내를 위해 우리 일행을 기다리고 있었다. 그가 들고 있는 검은색 가방에는 닛코에 관한 자료, 조선통신사의 현지 통과에 관련된 자료가 가득 들어 있었다.

우리 일행은 여기서 조금만 더 가면 목적지에 도달하는 줄 알았다. 일몰 전에 도쇼구까지 안내하면서 하나라도 더 설명해주기 위하여 사토 씨가 미리 이곳에 대기한 것이라고 짐작했다. 그러나 조선통신사가 닛코에 도착하기 전날 숙박했던 것에 대해서만 설명을 하는 데에도 상당한 시간이 필요했다. 버스가 선 이곳 일대가 바로 조선통신사의 닛코 행 기록에 자주 등장하는 도진고야唐人小屋이기 때문이다.

통신사 일행은 항상 닛코에 도착하기 전에 여기서 하루를 묵었다. 그리고 이튿날 아침 숙소를 떠나 오후 늦게 닛코에 도착했다. 에도 막부는 조선통신사가 도착하기 전에 이들이 묵을 수 있는 객관客館

가미이마이치 역 | 당시 보리밭에 숙소를 지었던 여기에 지금은 역이 들어서 있다.

을 백 간軒 정도 새로 지었다. 그리고 계급에 따라 건물과 방을 배정했다. 막부의 지시에 따라 에도에서 건축 자재를 모두 운반해서 지금의 가미이마이치 역 일대에 지은 것이다. 이 공사는 조선통신사가 방문하기 1년 전이나 반년 전에 시작되었다니 여유 있게 준비한 셈이다.

현재 수차공원水車公園이 들어서 있는 일대는 그때 당시 모두 보리밭이었다. 그 보리밭을 파헤쳐 없애고 객관을 지은 것이다. 에도 막부는 새로 지은 객관에서 일행을 응접했으며, 통신사는 돌아갈 때도 이곳에 묵었다. 조선통신사가 머무는 동안 영주는 손님 접대에 정성을 다했다. 이는 조선통신사가 에도로 향할 때 다른 지방에서 맞이한 정성과 다를 것이 없었다.

3. 400년 된 가로수가 하늘을 덮고

통신사 일행이 닛코 산 도쇼구를 방문하고 에도 쪽으로 떠나면 객관은 모두 헐렸다. 닛코를 처음으로 방문한 때인 1636년에는 전체 475명의 통신사 일행 가운데 217명만이 닛코를 방문했고, 2회 때인 1643년에는 462명 가운데 에도 입성은 389명이었으나 닛코 방문자 숫자는 밝혀지지 않았다. 3회 때인 1655년에는 전체 488명 가운데 322명이 닛코를 방문했다.

이렇게 많은 사람들이 일본인 안내자와 함께 묵을 수 있게 지은 객관은 얼마나 넓은 땅을 차지했겠는가. 하지만 지금은 통신사 일행을 위해 건축한 백 간 정도의 건물과 일본 측 안내자 숙소까지 지었던 장소의 위치만 알 수 있을 뿐 그때의 건물 흔적은 찾을 길이 없었다.

에도 쪽에서 이곳의 객관에 이르는 길가에는 스기杉, 즉 삼나무가 가로수로 서 있어서 운치 있는 이국정취를 물씬 풍긴다. 지금도 400년 가까운 가로수가 40m 이상의 키를 자랑하며 하늘을 덮고 있다. 닛코 산에도 37km에 이르는 삼나무 가로수 길이 있다. 이 길은 막부 쇼군과 조선통신사 외에는 누구도 지날 수 없는 길이었다고 한다. 당시에는 20만 그루를 심었지만 지금은 고목이 거의 다 된 13,300그루만 남아 있다고 하는데, 그래도 기네스북에 오른 세계 최장의 삼나무 가로수다.

조선통신사가 세 차례 묵고 간 객관 터인 가미이마이치의 보리밭 일대를 도진고야라고 부르고 있음은 앞에서 말한 바와 같다. 그렇

하늘을 덮고 있는 가로수 | 막부 쇼군과 조선통신사밖에 지날 수 없었던 이 가로수 길은 37㎞나 되어 기네스북에 등재되어 있다.

게 불리게 된 데에는 이유가 있다. 당시 이곳 사람들은 조선인을 도진唐人이라고 불렀기 때문이다. 당시에는 도진이 옛 중국의 당唐나라 사람만 뜻하는 것은 아니었다. 또 당나라 사람이 그때 닛코에 올 일도 없었다. 일본인들은 조선 사람을 중국 사람과 구별하지 않고 막연히 도진이라 불렀다. 여전히 도진은 조선 사람을 가리키는 말이며, 예부터 한복도 도후쿠唐服라고 불러오고 있다. 경우에 따라서는 오후쿠吳服라고도 부르는데 이는 당나라나 오나라 옷이라는 뜻이 아니고 육지의 옷이라는 뜻이다.

도진고야에서 말하는 고야小屋는 한자의 뜻처럼 작은 집이나 몇 채 되지 않는 집을 가리키는 말은 아니었다. 도진고야는 당시 조선

조선통신사 400주년 기념비 | 이곳 주민들은 조선통신사가 이곳을 지나간 것을 자랑으로 생각하며 기념하고자 한다.

통신사가 떠난 뒤 객관사를 허물어버린 보리밭 터 일대를 주민들이 그렇게 불러오다가 지명으로 변한 것이다. 이 자리에는 현재 지난 2007년에 조선통신사 일본 방문 400주년을 기념하기 위해 세운 비가 있다.

4. 온천에는 한국 관광객이

사토 씨의 설명을 들으니 지금까지 우리가 간과하고 있었던 조선통신사 닛코 방문에는 주목해서 봐야 할 내용이 많았다. 그의 설명에 따라 여기저기를 기웃거리면서 이 먼 곳까지 왔던 당시의 조선통신사 행렬을 머리에 떠올렸다. 가는 곳마다 아무리 환대를 해도 역시 낯선 나라, 낯선 문화가 아니었던가. 여행에 지친 통신사들은 과연 이렇게 머나먼 곳에서 편하게 쉴 수나 있었을까. 불현듯 연민의 정 같은 것이 들었다.

삼나무 가로수가 하늘을 가리고 조선통신사가 악대를 앞세워 위풍당당하게 닛코로 향하던 비포장도로는 한산하기만 했다. 자동차는 한산한 이 옛길 옆으로 새로 뚫린 아스팔트 위를 쌩쌩 달리고 있다. 옛길은 역사적 흔적으로 보존을 하고 새로 국도를 만들어 자동차가 달릴 수 있게 했기 때문이다. 8월의 열기에 해질 녘까지 녹진거려도 가마타고 오던 옛길에 비하면 아스팔트길은 더 없이 편하리라.

어느덧 일대는 어둑해졌다. 아직도 자동차로 한 시간 정도를 더 달려야 목적지에 이를 수 있다고 했다. 그러나 우리 일행은 사토 씨와 헤어져 그곳에서 목적지까지의 중간쯤 되는 기노가와 온천鬼怒川溫泉에서 묵기로 했다. 호텔 비용이 닛코보다 싸고 시설도 좋으며 경치도 수려한 곳이다. 여기서 하룻밤을 묵고 아침에 닛코 산 도쇼구를 찾기로 했다.

기노가와 온천 일대는 이미 해가 졌는데도 나다니는 사람들이 많았다. 온천지대이기 때문인 것 같다. 기노가와 온천호텔에 들어서자 이미 도착한 한국 관광객 20명 정도가 식당 앞에 줄을 서서 큰소리로 이야기하고 있었다.

우리 일행은 먼저 방부터 배정 받고 곧장 내려와 식당으로 향했다. 식당의 창가에 앉아 밖을 보니 천애절벽이다. 그 아래 계곡은 어둑하고 무섭게 깊다. 나무는 우거지고 흐르는 물마저 급류로 거품을 일으키고 있다. 절벽 위 여기저기 켜 있는 불빛에도 수려한 경치는 제 모습을 뽐내고 있었다.

5. 그때 자료를 보관한 린노지

이튿날 아침 우리는 드디어 도쇼구로 향했다. 시즈오카의 구노 산에 있는 도쇼구를 본 일이 있기 때문에 닛코의 도쇼구도 비슷한 규모일 것이라고 생각했다. 그러나 진입로부터 전혀 달랐다. 도쇼구로 향하는 것이 아니라 닛코 산 린노지로 먼저 들어가는 것이었다. 자동차에서 내려 일행이 린노지 삼불당 앞에 이르자 린노지 일대의 사찰과 유물을 관장하는 종무사무소 스즈키 조겐鈴木常元 총무부장이 사전에 연락을 받고 기다리고 있다가 우리 일행을 반갑게 맞았다.

그는 조선통신사 전문 단체가 린노지를 방문한 것은 처음이라면서 친절하게 안내해주었다. 린노지는 불교 천태종파의 사찰로 766년에 닛코 산에 문을 연 역사 깊은 절이다. 닛코 산 일대의 모든 크

린노지 삼불당 | 닛코 산 제1의 가람이다. 절 안에는 중앙에 아미타불(阿彌陀佛), 오른쪽에 천수관음보살(千手觀音菩薩), 왼쪽에 마두관음보살(馬頭觀音菩薩)의 삼불(三佛)을 안치하고 있다.

고 작은 절은 린노지가 관장하고 있으나, 도쇼구는 사찰이 아니기 때문에 독자적으로 관리되고 있다.

1,200년 이상의 역사를 가진 이 사찰은 부족국가의 다툼 때문에 파괴된 일도 있고 화재로 소실되었다가 복구되기도 했다. 이와 같은 부침을 되풀이하다가 도쿠가와 막부의 비호를 받으며 이 일대는 맹렬하다고 말할 수 있을 정도로 크게 번창했다. 그러다가 근세에 와서는 도쿠가와 막부의 해체와 메이지유신 이후의 배불정책으로 여기저기 파손을 입기도 했다. 린노지를 포함한 주위의 사찰과 보물, 사원군寺院群과 도쇼구, 다이유인 등의 건물은 50년에 한 번씩 보수를 하거나 도색을 새로 하여 보존에 정성을 쏟고 있다.

오랜 역사를 가진 절이기 때문에 보관하고 있는 보물은 대부분이 국보와 주요 문화재 등으로 지정되어 있고 이 사찰 전체는 유네스코 세계문화유산으로도 등재되어 있다. 우리 탐방단은 린노지의 특별한 배려로 조선통신사 보물 몇 점을 직접 눈으로 볼 수 있었다. 이 보물은 전시실에 상설로 전시된 것이 아니라 탐방단을 위해 특별히 회의실 한켠에 전시하여 보여준 것이다. 보물이 전시된 회의실이 협소하여 탐방단은 두 팀으로 나누어 관람을 해야 했다.

6. 귀한 대접을 받고 있는 효종의 친필

전시장 안은 정말 좁았다. 그러나 전시대 위의 보물은 우리에게 매우 의미 있는 것들이었다. 그 가운데 하나가 효종의 친필이다.

1655년 조선통신사 정사 조형趙珩이 받들어 여기까지 운반한 뒤 다이유인에 기증한 것이다. 당시 이 친필은 붉고 검은 칠漆을 입힌 상자에 넣어져서 행렬 선두가 운반했다.

지금은 약간 퇴색했지만 보관 상태는 매우 좋았다. 옆으로 쓰인 친필은 '영산법계숭효정원靈山法界崇孝淨院'의 여덟 글자였다. 이 글은 도쿠가와 이에야스의 손자인 도쿠가와 이에미쓰의 효성을 칭찬한 내용이다. 조선통신사가 정성스럽게 운반해서 이에미쓰의 사당인 다이유인에 보낸 것인데, 지금은 린노지 보물전에서 보관하고 있다.

이 글이 다이유인에 기증된 까닭은 잠시 뒤에 살펴보기로 하고, 글의 내용이 어떤 것인지 먼저 밝혀보자. 여기서 말하는 '영산법계'는 닛코 산을 가리킨다. 이 산에는 몇 개의 봉우리와 산중 호수, 폭포 등이 있고, 린노지를 비롯해서 후타라 산 신사二荒山神社 등 여러 개의 절이 있어서 산 전체가 불교적인 분위기를 띠고 있다. 거기에다 에도 막부를 연 도쿠가와 이에야스의 도쇼구, 그의 손자인 도쿠가와 이에미쓰를 기리는 묘廟도 있어서 신령스러운 정기가 흐르는 분위기를 자아내고 있다. 그렇기에 효종은 이곳을 불법이 충만하고 신령스러운 산이라고 보았던 것이다.

그 다음에 이어지는 '숭효정원'이라는 글은 다이유인을 가리키고 있다. 이 네 글자는 이에야스의 손자인 이에미쓰가 할아버지인 이에야스의 도쇼구를 어마어마하고 화려하게 지어 위업을 칭송하고 이에미쓰 자신의 업적을 기리는 다이유인을 건립한 것을 두고 쓴 것이다. 할아버지의 업적을 숭상하는 정결한 장소라는 뜻으로 해석하면 될 것이다. 이 글을 쓴 시기가 을미맹하乙未孟夏라고 밝히고 있으니 1655년이다. 또 조선국왕의 낙관은 붉은색의 인주를 사용했고 위정이덕爲政以德이라고 적혀 있다. 덕德으로써 정치를 해야 한다는 뜻이니 사람을 다스리는 데에는 칼보다 덕이 중요함을 일컫고 있음이리라.

전시장에는 우리나라에서도 보기 힘든 유교식 제례 때 사용하는 일종의 악기와 같은 것도 전시되어 있었다. 그것은 중간 돼지만 한 크기인데 호랑이가 앉은 모양의 나무로 만든 형상으로 등은 톱니 같이 되어 있다. 제례가 시작될 때는 주악을 울리지만 끝났음을 알릴 때에는 이 동물상의 톱니 같은 등을 나무 봉으로 훑어 소리를 낸다. 이 밖에도 제문祭文과 거문고, 피리, 은으로 만든 분향용 향로 접시 등이 보존되고 있다.

보물전에는 이 밖에도 조선의 왕이 보낸 소장품이 많이 있지만 상당수는 1812년의 도쇼구 보물 창고 화재 때 소실되었다고 한다. 다이유인에 보내진 것의 일부는 효종의 친필

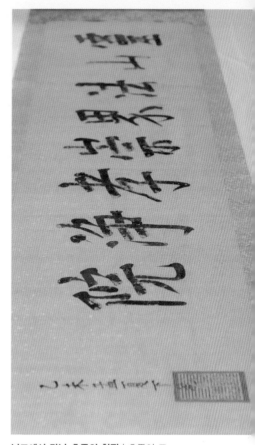

닛코에서 만난 효종의 친필 | 효종이 조선통신사를 통해서 직접 이곳으로 보낸 이 글은 보존 상태가 좋으며, 사찰 측에서도 매우 귀중하게 다루고 있다.

처럼 린노지에서 보존, 전시하고 있다.

7. 도쿠가와 막부의 힘을 아낌없이 과시하다

임시 전시장에서 나오자 도쇼구 안내를 맡은 전국 도쇼구 연합회 아오야마 류세이青山隆生 사무국장이 명함을 내밀면서 "잘 오셨습니다"라는 인사로 우리를 반갑게 맞았다. 도쇼구 연합회라, 그렇다면 도쇼구가 전국적으로 있냐고 물었다. 그는 전국 곳곳에 도쇼구가 있다고 답했다. 전국에 산재한 도쇼구는 모두 이에야스를 신으로 받들고 있으며, 현재 연합회도 구성되어 있는 것이다. 이는 이미 도쿠가와 이에야스가 신이 되었으며 일본 사람들이 그를 신으로 존경하고 있음을 알 수 있게 해준다.

아오야마 씨의 안내에 따라 삼불당 건물의 왼쪽 뒤로 올라가니 계단 오른쪽 돌비석에 도쇼구라고 큼직하게 쓰인 세 글자가 위용을 드러내고 있었다. 돌계단 몇 발자국 위에 있는 도리이(鳥居: 신사의 영역이라는 것을 알려주는 대문)에 도쇼타이곤겐東照大權現이라는 편액이 붙어 있다. 여기가 도쇼구임을 알려 주는 것이다. 그 자리에서 정면을 바라보면 금으로 치장한 으리으리한 건물이 눈앞에 나타난다. 현관 정면의 지붕 밑에도 도쇼타이곤겐이라는 편액이 덩그렇게 붙어 있다.

도쿠가와 이에야스의 아들인 히데타다가 1617년에 도쇼구를 창건할 당시는 현재보다 수수한 건물이었다. 그러나 손자인 이에미쓰가 당대의 최고 장인을 전국에서 불러 모아 화려하고 장엄하게 재

도쇼구 | 1616년 도쿠가와 이에야스가 죽자 그의 유언에 따라 1617년에 아들 히데타다가 창건했던 신사다.

건하여 1636년에 완성한 것이 현재 국보 8동과 주요문화재 32동을 갖고 있는 도쇼구이다. 에도 막부의 번성을 과시하고 막부 쇼군의 힘을 보이고자 조선통신사에게 닛코 방문을 권유했으나 통신사들은 원래 계획에 없었다면서 처음에는 이를 사양했던 것이다. 더군다나 그때는 한겨울인 12월이었다.

당시 쇄국정책하의 일본으로서는 유일한 통교국인 조선과 우호적 교류를 하고 있던 터였으며, 통신사가 이곳을 방문하는 일은 일본 국민에게도 여러 면에서 효과가 클 것으로 보았다. 또한 한참 발흥하던 청나라에 대해서도 조선과 친한 모습을 보이는 것은 나쁠 것이 없다고 판단하여 조선통신사에게 유람만이라도 좋으니 방문해달라고 간곡히 부탁했던 것이다. 조선으로서도 청나라에 대한 이해관

계는 일본과 일치했다. 일본과 가까운 관계라는 사실을 청나라에 보인다면 손해 볼 것이 없다는 생각에서 일본의 권유를 받아들여 국빈 자격으로 닛코를 방문했던 것인지도 모른다.

두 번째 방문은 1643년이었다. 3대 쇼군 이에미쓰가 1641년 마흔 살이 다 되어 아들을 낳자 이를 축하하기 위하여 조선통신사를 파견했던 것이다. 일본 측은 마침 도쇼구의 보물탑 완성을 기념하는 것도 겸하여 축하 행사를 닛코에서 갖기로 하고 조선통신사의 닛코 방문을 간청했다.

조선통신사가 닛코를 방문하겠다는 뜻을 밝히자 일본에서는 조선 국왕이 보내주기를 바라는 물품의 목록을 보냈다. 대장경, 국왕 친필, 신하들의 시詩, 동종銅鐘, 향로, 촉대燭臺, 꽃병 등이었다. 그러나 대장경은 판목板木의 산실散失을 이유로 거절하고 나머지는 대부분 보냈다.

세 번째 닛코 방문은 1655년에 이루어졌다. 1653년 3대 쇼군의 영원靈園인 다이유인의 준공 기념 행사 참가와 함께 주인공인 이에미쓰의 제의祭儀 행사에 참석하기 위해서였다. 이에미쓰의 사당은 도쇼구와는 달리 불교적 성격이 크게 가미되었기 때문에 린노지에 사원으로 편입되었다.

8. 화려하고 장엄한 닛코 사당

닛코를 방문한 조선통신사는 도쇼구나 다이유인의 화려함과 웅장함에 눈을 휘둥그렇게 뜨지 않을 수 없었다. 이에미쓰가 당시 전국 최고의 장인 15,000명을 동원해 56만 냥의 금으로 장식했다니 그 화려함은 보지 않더라도 짐작할 수 있을 것이다

모두 5,000여 개에 이르는 정교한 조각품이 황금으로 치장한 건물에 아름다움을 더해준다. 이는 에도 시대의 조각예술 수준을 엿볼 수 있게 하는 증거라고 해도 좋을 것이다. 이 가운데서도 특히 도쇼구를 대표하는 건물인 요메이몬陽明門은 당시 일본의 장식, 공예의 수준을 집약적으로 보여준다. 금색과 흰색, 검은 색을 기조로 한 꽃과 동물의 조각품 500여 개를 보고 있노라면 해가 지는 줄을 모른다고 해서 히구라시몬日暮門이라고 부르기도 한다. 정교할 뿐 아니라 일본적인 풍물과 일본인의 생각을 상징적으로 담고 있는 조각품이기에 그 자체가 하나하나 일류라고 말해야 할 예술품이었다.

이렇게 화려한 양식의 건물이 즐비한 도쇼구 내에 순수 목조 건물이 한 채 있다. 말을 사육하는 신큐샤神廐舍라는 건물이다. 이 건물에는 양각을 한 세 마리의 원숭이가 지붕 아래쪽 비를 맞지 않는 곳에 부착되어 있다. 원숭이가 세 마리여서 산자루三猿라고 불리고 있다. 하필 원숭이가 여기에 등장한 것은 말의 건강과 안전을 지키는 동물이 원숭이라는 전설에서 유래한 것이다. 그러나 원숭이는 이밖에도 다른 많은 뜻을 가지고 있다.

측면에는 어미 원숭이, 새끼 원숭이, 눈을 가린 원숭이, 귀를 막은 원숭이, 입을 가린 원숭이가 차례로 양각되어 있는 것을 볼 수 있다. 괴로워하는 원숭이, 즐거워하는 원숭이 모양도 있다. 이는 새끼 원숭이 때에는 못 들은 척, 못 본 척하며 말도 함부로 하지 말아

요메이몬 | 요메이몬의 500여 개의 아름다운 장식품을 보고 있으면 해지는 줄 모른다고 별명이 붙여진 히구라시몬

삶의 지혜를 은유적으로 말하는 원숭이의 조각이 지나던 사람들의 발걸음을 멈추게 한다

야 한다는 삶의 지표와 고난을 겪고 난 뒤 편안한 미래가 있을 수 있다는 것을 연상하게 하는 조각이다. 시집간 신부가 벙어리 3년, 귀머거리 3년, 봉사 3년으로 세 번의 3년을 지내야 비로소 완벽한 시댁의 식구가 될 수 있다는 우리의 속담과 참으로 비슷했다.

도쇼구를 보고 있으면 해지는 줄을 모른다는 말에서 알 수 있는 것처럼 현란한 장식, 역사적인 배경을 모두 감상하거나 설명하기에는 그 양이 너무 방대하다. 그렇다고 하더라도 요메이몬의 아래쪽에 있는 종鐘에 대해서는 설명하지 않을 수 없다.

9. 인조가 보낸 범종이 덩그렇게

이 종은 일본 측이 향로, 촉대 등과 함께 조선에 부탁했던 물건이다. 일본의 희망에 따라 인조 계미년인 1643년 조선통신사 편으로 보낸 순수한 우리 종이 모든 사람이 다 볼 수 있는 지금의 자리에 덩그렇게 걸리게 된 것이다.

이 종은 조선통신사가 닛코에 도착하기 전에 이미 닛코에 도착해 있었다. 통신사 일행은 그해 7월 18일 에도에서 막부 쇼군에게 국서를 전달하고 닛코로 출발했는데, 오는 도중 비가 계속 내려서 27일에야 닛코에 당도했기 때문이다. 이때 이미 범종은 바다 편을 통해 닛코에 먼저 도착되어 종루가 설 자리를 마련해놓고 있었다.

처음 일본에서 종을 보내달라고 했을 때 조선은 구리가 없다는 것을 이유로 난색을 보였다. 그랬더니 쓰시마에서 동과 납을 제공하

인조가 보낸 범종 | 이 종은 1643년 인조가 도쇼구 제의 행사 때 사용할 수 있도록 보냈던 것이다.

는 조건으로라도 조선종을 주조해주기를 바랐다. 그래야 도쇼구의 보물이 될 뿐 아니라 조선의 공덕도 된다면서 강력하게 희망한 것이다. 높이 110㎝, 겉 둘레 90㎝, 용두 높이 35㎝의 이 종에는 조선국 예조 참판 이식찬李植撰의 이름으로 쓴 헌사獻辭가 서체도 선명하게 주출鑄出되어 있다.

이런 일들로 크게 환영을 받으며 제의에 참석하기 위해 통신사 일행이 닛코로 떠났지만 그 길은 장마로 물이 넘치고 끊기곤 했다. 당시 부사 조경의 『동사록』에는 이와 같은 사실이 잘 나타나고 있다. 고생하면서 닛코에 도착한 일행은 웅장하고 화려한 사당과 절의 위용에 감탄하며 글을 남기게 된다.

구리로 만든 원앙 기와 물 흐르듯 한데	銅鑄鴛鴦瓦欲流
황금 난·봉새는 산이마에 집을 트네	黃金鸞鳳屋山頭
영롱한 높은 기둥 하늘 찌르듯 솟고	玲瓏高棟凌霄閣
길고 가파른 난간은 은하수에 닿을 듯하네	沼遞危欄絕漢樓

이와 같은 시정詩情은 부사인 조경에서 끝나지 않았다. 종사관이

었던 신 죽당[본명은 신유(申濡)]도 『해사록海槎錄』에 닛코의 사당과 사찰을 보면서 느끼는 놀라움과 아름다움을 시로 옮겨 놓고 있다.

돌문의 폭포는 우렛소리 치며 날고   石門飛瀑吼雷霆

용봉은 물결치듯 푸른 병풍 뒤흔드네   龍鳳派瀾動翠屛

해질 녘 누각은 붉은 햇볕을 머금고   半夜樓臺含日赤

중천에 솟은 전나무 푸른 구름 스치네   天中杉檜拂雲靑

10. 제례의식은 조선의 예식대로

3대 쇼군 이에미쓰가 마흔이 다 되어서야 뒤늦게 아들을 얻었다는 것은 도쿠가와 막부의 대통을 이어간다는 점에서 대단히 경사스러운 일이었다. 또 2대 쇼군이 검소하게 지었던 도쇼구를 이에미쓰가 획기적으로 고쳐 크고 화려하게 지음으로써 닛코가 에도 막부의 성지가 된 것을 조선에도 알리고, 일본 국내에도 그 위엄을 자랑하고 싶었던 것이다.

그런 닛코의 이에야스 치제致祭에 조선통신사를 초청하는 것은 전례가 없는 일이었다. 전례를 중시하는 외교관계에서 드문 일이기는 하지만 조선이 치제 행사에 참석한 데에는 나름대로 이유가 있었다. 효행孝行에 대한 칭송은 좋은 일이라는 생각과 당시 발흥하고 있는 청나라와의 미묘한 관계 때문이었다. 청나라와의 관계에 대해서는 앞에서 말한 바와 같다.

일본으로서도 조선과 일본의 긴밀한 협력관계를 국민에게 과시함으로써 막부체제의 확립과 견고함을 국민에게 효과적으로 내보여 권력을 안정화할 필요가 있었다. 그렇기에 통신사 일행의 닛코 도착이 가까워지자 두 나라의 제의절차 담당자들은 일행 도착 전에 서로 만나 조선의 제의절차에 따라 행사를 진행하기로 합의하고 현지에서 일행의 도착을 기다리고 있었다.

정사 윤순지尹順之, 부사 조경, 종사관 신유를 비롯한 일행이 도쇼구에 도착했을 때는 닛코 치제를 위한 준비가 완료되어 있었다. 조선 국왕의 증정품은 배전拜殿의 가장자리에 진열되었고, 그 곁에는 임시로 배전이 설치되었으며 높은 제사상 위에는 신주神酒와 조선 과자 20종이 진설되었다. 그 좌우에는 조선에서 보내온 촉대에 불이 환하게 켜져 있었고 향로에서는 향이 피어오르고 있었다.

조선 과자가 이렇게 빨리 진설될 수 있었던 것은 이 행사를 위하여 부산에서 함께 떠난 전문가 일행이 에도에서 먼저 닛코로 왔기 때문이었다. 이들은 도착 즉시 조선 고유의 유밀과, 밀과, 실과, 병산자 등 일본에서 볼 수 없는 희귀한 여러 가지 과자를 미리 준비했다.

식이 시작되기도 전에 배전과 대기실 주변에는 경비들이 도열했다. 그들은 활과 총, 창을 들고 조선통신사 삼사에 대한 삼엄한 경비를 했으며, 경내에는 제사 관계자, 승려, 악인樂人 들이 자기 자리를 잡았고 막부에서 보낸 참가자들도 단정히 정렬하고 있었다.

시간이 되자 의관과 관복으로 정장한 삼사가 교자를 타고 대오隊伍를 지어 도쇼구로 들어온다. 돌로 된 홍살문 밑에서 교자에서 내린 뒤 걸어서 도쇼구 경내로 들어와 수반사水盤舍에서 손을 씻고 입을 행군다. 요메이몬 안에서 기다리고 있던 안내원의 영접을 받아 임시로 마련된 배전으로 들어선다. 삼사가 자리를 잡으면 일본 측 참석자도 의관에 정장을 하고 자리를 잡는다.

조선에서 보낸 제문이 상상관에 의해 배전에 놓인다. 삼사가 정좌하면 조선의 아악이 연주되고 삼사가 차례로 향을 피운 뒤 독축관이 제문을 조선어로 크게 읽는다. 독축이 끝나면 삼사는 일어서서 함께 절을 하고 앉으며, 다시 주악이 울리면서 제사는 끝난다. 제사가 끝나면 조선에서는 축문을 불사른다. 그러나 이때의 축문은 일본 측에서 간직하기를 원해 불사르지 않고 넘겨주었다.

11. 세 번째의 닛코 방문

조선통신사는 1655년에 세 번째로 닛코를 방문하게 된다. 목적은 도쇼구 배례와 다이유인 치제 참가였다. 다이유인은 닛코를 에도 막부의 성지로 만든 3대 쇼군 이에미쓰의 영원이자 당시 정권의 권위를 한눈에 볼 수 있는 휘황찬란한 사당의 완성품이었다.

본전 외에도 다이유인 경내에는 감탄을 금할 수 없는 국보, 중요문화재로 지정된 건물이 즐비해서 눈길을 어디서 멈춰야 할지 모를 지경이다. 이 건물들은 1651년에 죽은 이에미쓰의 유언에 따라 지어진 것이다. 묘소임을 알리는 입구의 표문表門을 비롯해서, 영내로 들어가기 전에 손을 씻고 입을 헹구도록 하는 아담하고 품위 넘치는 오미즈야御水舍, 경내에 촘촘히 늘어선 가미나리몬, 보단몬牧丹門,

다이유인 본전 외관 | 금으로 찬란하게 꾸민 이 영원은 이에미쓰의 목상(木像)과 위패가 봉안되어 있으며 조각마다 에도 예술의 극치를 보여주는 국보다.

하이텐拜殿 등 국보나 중요문화재가 아닌 것이 없다.

할아버지의 성전을 거창하게 세우고 난 뒤, 자신이 죽으면 닛코에 자신의 묘역을 꾸미도록 유언한 그는 효성을 중시하는 조선의 왕이나 선비의 눈으로 볼 때 기특하지 않을 수 없었다. 효종이 친서를 보내고 기념품을 보낸 것은 청나라와의 묘한 관계를 해소하기 위한 데도 이유가 있지만 이와 같은 효성과 충성을 칭찬하고자 하는 데에도 이유가 있었다는 것은 앞에서 밝혔다.

조선통신사는 이곳에서 도쇼구 배례와 다이유인 치제를 올린다. 이는 1643년의 행사와 유사했다. 다이유인에 기증하기 위해 조선에서 가지고 온 기증품을 전달한 뒤 일행은 경내를 둘러보면서 일본의 저력을 느낀다.

12. 어느 무덤에 진신이 있는가

닛코에는 이에야스의 무덤도 있다. 도쇼구 뒤쪽에 있는 낮은 산의 언덕을 조금만 오르면 누구나 볼 수 있다. 그러나 이에야스가 숨진 곳은 시즈오카이다. 그곳의 구노 산에도 이에야스의 무덤이 있다. 시즈오카는 신칸센으로 도쿄에서 서쪽으로 한 시간쯤 가야 하니까 닛코에서는 꽤 떨어진 곳이다. 시즈오카 사람들은 이에야스의 근거지가 시즈오카였기 때문에 그곳에 있는 무덤이 진신眞身 무덤이라고 말한다. 그러나 닛코 사람들은 닛코의 도쇼구 건물 뒤 언덕에 있는 무덤이 진짜 무덤이라고 자신 있게 말한다. 이에야스가 생전에 자신의 무덤을 닛코에 마련해달라고 유언을 했으며 그 유언을 착실하게 따랐기 때문에 이곳의 무덤에 진신이 들어 있을 수밖에 없다는 것이다. 두 무덤은 재료가 다소 차이나지만 크기나 모양이 매우 닮았다. 이곳의 무덤은 1616년 이에야스가 숨진 뒤인 1617년에 시신을 옮겨 마련된 것이라고 한다. 부처의 진신사리가 세계 여러 곳에 있듯이 이에야스의 진신도 두 곳에 다 들어 있을지도 모를 일이다. 그러나 사후 1년이라면 시신의 육탈이 있기 전이기 때문에 화장을 하는 장례풍속이긴 하지만 이런 이야기를 듣는 사람은 그저 머리만 갸웃할 뿐이다.

조선통신사가 세 번이나 찾아왔던 닛코. 과연 이곳은 도쇼구나 다이유인과 같이 에도 시대를 상징하는 찬란한 사당 때문에 빛나는 성지가 되었음이 틀림없다. 강력한 지도자에 의하여 일본은 이렇게 역사를 윤색하면서 번영하는 모습을 보였다.

한때 남북조로 갈려 싸움만 계속하던 일본이 천하를 통일하고 전쟁의 칼을 씻은 뒤 번영을 추구하자 이와 같은 모습으로 변했다. 조선통신사를 통하여 대륙의 문물을 수입하는 데도 주저하지 않음으로써 그들은 번영을 구가하게 되었던 것이다. 일본은 그랬건만 당시 조선은 어떤 모습이었던가. 당파 싸움에 나라가 한시도 조용할 때가 없었다. 청나라의 세력 확장은 우리를 끊임없이 불안하게 했고, 왕이 삼전도三田渡에 나아가 청나라에 무릎을 꿇어야 하는 역사의 비극을 연출해야 했던 일도 있다.

조선통신사를 통해서 청의 세력을 견제하려는 노력은 역력했지만, 목숨을 걸며 일본을 왕래했던 그들의 노고에 비해 성과는 낮았다. 국태민안의 끊임없는 대비가 부족하면 예나 지금이나 외세에 의한 어려움을 겪기는 마찬가지다.

닛코에서 조선통신사의 흔적을 더듬으며 밖으로는 국위를 선양하고 안으로는 스스로 힘을 기르는 일이 얼마나 중요한지 새삼 깨닫지 않을 수 없었다. 그리고 조선통신사에 대한 이해와 연구를 한층 심화시키는 일이야말로 역사를 통해 현재를 인식할 수 있는 지름길임을 실감하지 않을 수 없었다.

도쿠가와 이에야스의 무덤 | 시즈오카에 있는 무덤에도 진신이 들어 있다고 한다. 도쇼구의 뒷산에 있는 이에야스의 무덤은 말이 없다.

이 책에 나오는
탐방지

아라이

아라이세키쇼新居關所

시즈오카 현 남쪽 하마나 호와 태평양을 잇는 이마기레 수로의 서쪽 도선장에 설치된 검문소로 하코네세키쇼와 함께 에도 시대의 가장 중요한 검문소였다. 검문 없이 통과되는 사람은 쇼군과 조선통신사뿐이었다.

- 교통안내 JR 아라이마치(新居町) 역에서 도보 10분
- 주소 静岡県浜名郡新居町新居1227-5 / ☎ 053-594-3615
- 개관시간 09:00~16:30
  (휴관일 : 매주 월요일, 경축일 또는 연휴의 경우 익일, 연말연시)
- 입장료 유료

진구지神宮寺

시즈오카 현 아라이초에 있는 임제종臨濟宗 사원. 경내에는 자안관음(子安觀音), 세키쇼이나리, 동해 뱃길의 무사안녕을 기원하는 고보다이지(弘

法大師) 등이 모셔져 있다.

- **교통안내** JR 도카이도혼센(東海道本線) 아라이 마치(新居町) 역에서 도보 12분
- **주소** 静岡県浜名郡新居町新居1375
  ☎ 053-594-0185
- **개관시간** 09:00~17:00 (휴관일 : 연말연시)
- **입장료** 무료

이마기레구치今切口

이마기레구치는 하마노 호의 최남단으로 하마나 호가 결괴(決壞)된 장소다. 이곳은 결괴 이후 이마기레(今切)로 불렸고, 배로 왕래하게 되었다. 동서 교통의 난소(難所)로 알려졌으나, 철도와 도로 등으로 인해 안전하게 왕래할 수 있게 되었다. 통신사 일행은 이곳을 금절하(金絕河)라 불렀다.

- **교통안내** 니시하마나 교(西浜名橋) 서쪽의 최초 신호에서 좌회전 후 남쪽으로 진입

기타간게北雁木

간게는 계단 모양의 선착장을 의미한다. 보통은 간기라고 하나 이곳 지방에서는 간게로 불린다. 신분에 따라 무가용(武家用)의 혼간게(本雁木), 서민들이 이용하는 미나미간게(南雁木), 귀족용(公家用)의 기타간게(北雁木)로 구분하여 사용되었다. 현재는 기타간게만이 남아 복원되어 있다.

- **교통안내** JR 도카이도 센벤텐지마(弁天島) 역에서 하차하여 도보 12분

하마나 호 浜名湖

시즈오카 현의 하마마쓰 시, 고사이 시(湖西市), 하마나 군 아라이초(浜名郡新居町)에 걸쳐 있는 호수로 원래는 담수호였으나 1498년의 대지진과 토사재해로 기수호가 되었다.

- 교통안내
  - 덴류하마나호철도(天竜浜名湖鐵道) : 호수 서안(岸)에서 북안을 따라 노선이 만들어져 있다.
  - 하마나 호 일주 자전거용 도로 : 시즈오카 현도(靜岡県道) 379호 하마나 호 주유자전차도선(浜名湖周遊自轉車道線)

시즈오카

삿타 고개 薩た峠

오키쓰(興津)와 유이(油比) 사이에 위치한 험난하기로 유명한 약 3km의 고개. 에도 막부는 통신사를 영접하기 위해 1655년 산 중턱을 끊어 길을 냈으며 1682년부터 본격적으로 도로가 만들어졌다.

- 위치 시즈오카 현 시미즈 구와 이하라 군 유이초(庵原郡 由比町)의 경계에 있다.
- ☎ 054-376-0113

세이켄지 淸見寺

시즈오카 현에 위치한 임제종 사찰로 조선통신사의 숙박지와 휴게소로 이용되었다. 빼어난 경관이 『해사일기』와 같은 사행록에 전승되면서 명소로서 이름이 높아졌다. 통신사가 남긴 각종 편액, 시판, 회화 등으로

1944년 일본 국지정사적이 되었다. 오늘날 통신
사 관련 보물창고 역할을 톡톡히 하고 있다.

- 교통안내 JR 오키쓰 역에서 도보 15분
- 주소 靜岡縣靜岡市淸水區興津淸見寺町418-1
     ☎ 054-369-0028
- 개관시간 09:00~16:30
     (휴관일 : 경내 행사일은 관람불가)
- 입장료 유료

도쇼구東照宮 · 도쿠가와 박물관德川博物館

말년을 슨푸(駿府)에서 보낸 도쿠가와 이에야스를 모시는 신사다. 닛코 도
쇼구보다 화려함은 덜하지만 에도 초기를 대표하
는 건축물로써 1912년에 국보로 지정되었다. 도
쿠가와 박물관에는 도쿠가와 이에야스 관련 유물
을 전시하고 있다.

- 교통안내
- JR 시즈오카 역에서 버스를 타고 구노 산에서
  하차하여 도보 15분
- 니혼다이라 행 버스를 타고 종점에서 하차, 로
  프웨이까지 도보 5분
- 주소 靜岡縣靜岡市駿河區市根古屋390
     ☎ 054-237-2438
- 개관시간 4月1日~9月30日(8:30~17:00), 10月1日~3月31日(9:00~16:00)
     (휴관일 : 연중무휴)
- 입장료 유료

슨푸 성駿府城

어린 시절을 이마가와 씨의 인질로 슨푸(현재의 시즈오카 지역)에서 살았던 도쿠가와 이에야스가 1589년에 축성한 성이다. 슨푸는 오고쇼大御所(태상왕)로 돌아온 이에야스로 인해 정치·경제의 중심지로서 크게 번성했다.

• 교통안내 JR 도카이도혼센(東海道本線)·도카이도신칸센(東海道新幹線) 시즈오카 역에서 하차하여 도보 약 10분
  • 주소 静岡県静岡市葵区駿府公園1-1
    ☎ 054-251-0016
  • 개관시간 09:00~16:30 (휴관일 : 12月 29日~1月 3日)
  • 입장료 유료

호타이지寶泰寺

임제종 묘신지 파(妙心寺派) 사찰로 조선통신사의 숙박 장소로 이용되었고 통신사는 이 절을 기려 제일(綺麗第一)로 칭했다. 조선통신사 400주년을 기념하여 원폭 피해자들의 영을 위로하기 위한 '평화상야등'이 2007년 세워졌다.

• 교통안내 JR 시즈오카 역에서 도보 7분
• 주소 静岡県静岡市葵区伝馬町12-2
    ☎ 054-251-1312
• 입장료 무료

하코네

하코네세키쇼箱根關所

하코네세키쇼는 에도 방위에 필요한 15개의 검문
소 중 가장 중요한 요새로 검문과 검색이 철저하
기로 이름 높았던 곳이다. 특히 에도에서 나가는
여자와 외지에서 반입되는 총기류는 엄격한 검색
의 대상이 되었다. 그러나 통신사 일행은 아무런
절차를 거치지 않는 특별 예우를 받았다. 하코네
세키쇼 자료관에서는 세키쇼에 관한 자료를 전시
하고 있다.

- 교통안내 JR 아라이마치 역 도보 10분 / 주차 무료
- 주소 神奈川県足柄下郡箱根町箱根1 / ☎ 0460-83-6635
- 개관시간 09:00~17:00(휴관일 : 매주 월요일, 단 8月 무휴)
- 입장료 유료

소운지早雲寺

임제종 다이토쿠지 파(大德寺派)의 사원으로 일본
전국시대의 명상(名相) 호조 소운(北條早雲)의 묘가
있다. 정원은 무로마치·가마쿠라 시대의 선종 양
식으로 꾸며져 있다.

- 교통안내 하코네 등산철도(箱根登山鐵道) 하코네
  유모토(箱根湯本) 역에서 도보 10분
- 주소 神奈川県足柄下郡箱根町湯本405 / ☎ 0460-5-5133
- 개관시간 06:00~16:00 (휴관일 : 연중무휴)
- 입장료 무료

아마자케차야甘酒茶屋

하코네 하치리이시미치(箱根八里石道)에 위치한 노점 찻집으로 350년의 역사를 간직하고 있다. 감주(甘酒)와 치카라모치(力餅: 산을 넘을 때나 힘을 낼 때 먹는 찹쌀떡)는 여행객들의 피로를 풀어주는 이 집만의 명물이다.

• 교통안내 하코네 등산철도 하코네유모토(箱根湯本) 역에서 하코네 등산버스(箱根登山バス)로 갈아타고 25분 정도 간 후 아마자케차야에서 하차
• 주소 神奈川県足柄下郡箱根町畑宿二子山395-1
  ☎ 0460-83-6418
• 개관시간 07:00~17:30 (휴관일 : 연중무휴)

도쿄(에도)

히가시혼간지東本願寺

불교 정토진종(浄土眞宗) 히가시혼간지 파의 본산이다. 도쿄(에도)에 도착한 통신사 일행의 숙소였다.

• 교통안내 도쿄메트로(東京メトロ) 긴자센(銀座線) 다와라초(田原町) 역 3번 출구에서 도보 5분
• 주소 東京都台東区西浅草1-5-5

☎ 03-3843-9511
- 개관시간 06:30~17:30
- 입장료 무료

센소지淺草寺

도쿄 도(東京都) 안에 있는 가장 오래된 사찰로, 아
사쿠사(淺草)는 센소지의 몬젠마치(門前町)이다. 도
쿄의 옛 정취를 느낄 수 있는 곳으로 일본인들은
물론 많은 외국인들이 찾고 있다.
- 교통안내 도영(都營)지하철 아사쿠사센(淺草線) 아
  사쿠사(淺草) 역에서 하차하여 도보 5분
- 주소 東京都台東区浅草2-3-1
    ☎ 03-3842-0181
- 개관시간 06:00~17:00(10月~3月 18:30)(휴관일 : 연중무휴)
- 입장료 무료

니주바시二重橋

일왕이 살고 있는 고쿄(皇居)로 들어가는 정문 앞
철교. 다리가 이중으로 되어 있어 니주바시라는
이름이 되었다고 한다. 안경다리라는 별칭이 있
다.
- 교통안내 도쿄메트로 니주바시마에(二重橋前) 역
  2번 출구에서 도보 5분
- 주소 東京都千代田区皇居外苑
    ☎ 03-3213-0095
- 입장료 무료

닛코

도진고야 唐人小屋

통신사 일행의 숙박 장소가 있던 곳. 현재는 스기나미키 공원(杉並木公園)으로 조성되어 있다. 원내에 조선통신사 비와 도진고야 유적 안내판이 남아 있다.

- 교통안내 도부(東武) 철도 닛코센(日光線) 가미이마이치(上今市) 역 하차
- 주소 栃木県日光市今市
- 개관시간 24시간 (휴관일 : 연중무휴)
- 입장료 무료

닛코 산 린노지 日光山 輪王寺

에도 막부 3대 쇼군인 도쿠가와 이에미쓰의 사당인 다이유인과 본당인 삼불당(三佛堂) 등 고건축물이 많이 남아 있는 천태종 사원이다. 국보, 중요 문화재 등을 다수 보유하고 있으며, 유네스코 세계문화유산으로도 등재되어 있다.

- 교통안내 JR 닛코센(日光線) 닛코 역·도부 철도 도부 닛코 역에서 세계유산 메구리(世界遺産めぐり) 버스로 갈아탄 후 쇼도조닌교마에(勝道上人像前)에서 하차하여 도보 2분

- 주소　栃木県日光市山内2300 / ☎ 0288-54-0531
- 개관시간　2月~10月(08:00~17:00), 11月~3月(08:00~16:00)
  (휴관일: 연중무휴)
- 입장료　유료

닛코 도쇼구 日光 東照宮

에도 막부 초대 장군인 도쿠가와 이에야스를 모
시는 신사로 1999년에 유네스코 세계문화유산에
등록되었다.

- 교통안내　JR 닛코센에서 도부 버스를 타고 신바
  시(神橋)에서 하차 후 도보 8분
- 주소　栃木県日光市山内2301
  　　　☎ 0288-54-0560
- 개관시간　11月~3月(08:00~16:00), 4月~10月(08:00~17:00)
  (휴관일: 연중무휴)
- 입장료　유료

책을 펴내는 데 힘 쏟은 사람들

필자

강남주 조선통신사문화사업회 집행위원장
박화진 부경대학교 사학과 교수
조규익 숭실대학교 국어국문학과 교수
최화수 부산대학교·동아대학교 강사
한태문 부산대학교 국어국문학과 교수

사진촬영

문진우 사진작가

탐방진행

송수경 조선통신사문화사업회 행사지원팀장
이소미 조선통신사문화사업회 홍보담당

편집지원

허장수 조선통신사문화사업회 기획팀장
강민정 조선통신사문화사업회 일본담당

조선통신사 옛길을 따라서 3

ⓒ (사)조선통신사문화사업회, 2009
www.tongsinsa.com

엮은이 _ (사)조선통신사문화사업회
펴낸이 _ 김종수
펴낸곳 _ 도서출판 한울
편집 책임 _ 이교혜
편집 _ 염정원
초판 1쇄 인쇄 _ 2009년 2월 18일
초판 1쇄 발행 _ 2009년 3월 2일

주소(본사) _ 413-832 파주시 교하읍 문발리 507-2(본사)
주소(서울사무소) _ 121-801 서울시 마포구 공덕동 105-90 서울빌딩 3층(서울 사무소)
전 화 _ 영업 02-326-0095, 편집 02-336-6183
팩 스 _ 02-333-7543
홈페이지 _ www.hanulbooks.co.kr
등 록 _ 1980년 3월 13일, 제406-2003-051호

Printed in Korea.
ISBN 978-89-460-4018-2 03910

*책값은 겉표지에 표시되어 있습니다.